ISBN 978-0-259-32558-1
PIBN 10669006

English
Français
Deutsche
Italiano
Español
Português

www.forgottenbooks.com

Mythology Photography **Fiction**
Fishing Christianity **Art** Cooking
Essays Buddhism Freemasonry
Medicine **Biology** Music **Ancient
Egypt** Evolution Carpentry Physics
Dance Geology **Mathematics** Fitness
Shakespeare **Folklore** Yoga Marketing
Confidence Immortality Biographies
Poetry **Psychology** Witchcraft
Electronics Chemistry History **Law**
Accounting **Philosophy** Anthropology
Alchemy Drama Quantum Mechanics
Atheism Sexual Health **Ancient History**
Entrepreneurship Languages Sport
Paleontology Needlework Islam
Metaphysics Investment Archaeology
Parenting Statistics Criminology
Motivational

DU MÊME AUTEUR :

Poésie

Roman

Théâtre

Littérature

HENRI DE RÉGNIER

DE L'ACADÉMIE FRANÇAISE

—

iroir des Heures

1906-1910

SIXIÈME ÉDITION

PARIS

MERCVRE DE FRANCE

XXVI, RVE DE CONDÉ, XXVI

—

MCMXI

IL A ÉTÉ TIRÉ DE CET OUVRAGE :

Dix-neuf exemplaires sur Japon impérial, numérotés de 1 à 19
Soixante-neuf exemplaires sur papier de Hollande,
numérotés de 20 à 88
et trois exemplaires sur Chine, marqués A, B, C.

JUSTIFICATION DU TIRAGE :

LE MIROIR DES HEURES

LE MIROIR DES HEURES

DÉDICACE

Si j'ai pu souhaiter que, pareil à Ronsard,
De l'une à l'autre tempe,
Me verdît sur le front le laurier de mon art,
A l'heure de l'estampe,

Ce n'est pas par désir que mon nom d'âge en âge,
Des siècles répété,
Gagnât comme le sien l'honneur et l'avantage
De l'Immortalité.

Non ! si je t'ai choisi pour patron et pour maître,
O noble Vendômois,
C'est moins avec l'espoir de t'égaler et d'être
Honoré par les Rois

Que parce que, jadis, regardant de ton seuil
Le pin de la prairie,
Tu fis bien résonner aux échos de Bourgueil
Le doux nom de Marie !

LES VOYAGEURS

Adieu, vous qui partez pour ce même voyage
Que jadis, au matin, avant vous, j'ai tenté !
Vous me retrouverez assis sur ce rivage
Que vos cœurs oublieront quand vous l'aurez quitté.

Adieu donc ! que vos bras hissent la blanche voile
Où va souffler le vent qui vous porte ma voix;
Puissent avec faveur la marée et l'étoile
Vous conduire à ces bords où déjà je vous vois !

Compagnons orgueilleux, amis ingrats que j'aime,
Je vous laisse partir sur la mer, sans regrets.
Qu'importe le vaisseau si la route est la même !
Sans aller avec vous je suis où vous irez.

Tandis que vous croirez découvrir, à l'aurore,
Le prestige changeant d'un nouvel horizon,
Ma mémoire, fidèle au passé qu'elle honore,
M'en rendra la couleur, la ligne et la saison ;

Et, de la rive aride où la mer monotone
Avec le même bruit mire les mêmes cieux,
Je n'aurai, pour revoir tout ce qui vous étonne,
Qu'à me ressouvenir et qu'à fermer les yeux.

PAYSAGE

On voit, de cette place, entre ces deux pins verts
    Dont l'écorce est vermeille,
La douceur d'un beau ciel au-dessus d'une mer
    A son azur pareille.

Les hauts arbres égaux que balance le vent,
    En leurs fines aiguilles
Laissent pendre leurs fruits, écailleux et vivants,
    Ainsi que des coquilles.

Dans le flot invisible et transparent de l'air
      Elles baignent, bercées,
Tant le ciel semble bien continuer la mer
      Jusques en nos pensées

Où se confond, avec le murmure marin,
      De la vague à la grève,
Le doux, le long soupir que fait, parmi les pins,
      La brise la plus brève...

PRINTEMPS

De tout ce beau printemps où renaissent les roses
Et qui pare la terre et qui change les cieux,
Dans ma chambre fermée où les vitres sont closes,
Assis auprès de toi, je n'ai vu que tes yeux.

Que d'autres en riant s'en aillent vers l'aurore
Et reviennent, le soir, par les mêmes chemins,
En pressant sur leur sein où l'amour vient d'éclore
La fleur au nom sacré qui parfume leurs mains !

Moi, je n'ai pas besoin, pour que mon cœur palpite,
De la lumière neuve et du soleil nouveau :
Un éternel avril en ma mémoire habite.
Que m'importe au dehors ce que chante l'oiseau !

Que m'importent la source où l'arbre doux se mire,
Et l'odeur de la terre et la couleur des cieux,
Puisque c'est sur ta bouche où sourit et respire
La rose d'un printemps que j'ai vu dans tes yeux !

L'ENNUI

Pour distraire aujourd'hui ma tristesse importune
Ne pose pas ta main sur mon front soucieux,
Car l'angoisse de vivre y plisse sa rancune
Dont le mauvais éclair brûle encor dans mes yeux.

Fais glisser lentement sur les fenêtres closes
Les longs rideaux obscurs qui devancent la nuit ;
En ce cristal terni laisse mourir ces roses :
Leurs feuilles en tombant disent le temps qui fuit.

2.

Ne viens pas me parler de bonheur et de gloire :
Mon cœur est sans désir et mon esprit est las ;
Mon destin lourdement rame sur une eau noire
Où la barre dévie et résiste à mon bras.

Que ton pas soit léger comme le pas d'une ombre !
Le silence convient à ce jour détesté,
Puisque mon rêve morne, interminable et sombre
Hante un fleuve pesant qui n'est pas le Léthé.

LE SECRET

Je ne chanterai plus, mon cœur, tes noirs secrets,
Mais je leur sculpterai, tels que, d'or et d'ébène,
En porte la Tristesse entre ses mains de reine,
Un de ces lourds, profonds et singuliers coffrets.

Je ne livrerai plus aux passants du chemin
La clé des beaux palais de ma mélancolie
Et ne permettrai plus qu'on cueille en son jardin
Les fruits de ma mémoire et les fleurs de ma vie.

Ne vient-il pas un temps où, sans de vains aveux,
La bouche doit se clore et la voix doit se taire,
Si même on laisse encor deviner dans ses yeux
Quelque muet tourment à jamais solitaire?

Aussi, pour les garder des regards indiscrets,
Je remets en vos mains, Silence, et vous Tristesse,
Avec tout son amour et toute sa détresse,
Mon taciturne cœur et ses sombres secrets.

L'AMI

Dites-moi la douceur que vous avez connue
A la tenir longtemps en vos bras, lasse et nue,
Après la longue attente et l'inquiet désir,
Comment vos mains savaient doucement la servir
Et, promptes, dénouer d'une hâte inégale
La ceinture flexible et l'étroite sandale,
Tandis que, devant vous, docile à votre amour,
Lascive, rougissante ou grave, tour à tour,
Ses regards souriaient à la porte fermée;

Dites-moi, mon ami, que vous l'avez aimée,
Que jamais le soleil ne vous parut plus beau,
Que la terre, le ciel, le vent, la feuille, l'eau
Vous semblaient pleins de chants, de joie et de lumière,
Qu'elle était douce, et tendre, et simple, et jeune, et fière;
Dites-moi son visage et ses yeux et sa voix,
La fleur qu'elle tenait, vivante, entre ses doigts,
Que le jour était pur parce qu'elle était belle,
Et, lorsque jusqu'au soir vous m'aurez parlé d'elle,
Je m'en irai, et, dans la nuit, sur le chemin,
En me ressouvenant de mon printemps lointain,
Je croirai, par la vôtre à la mienne rendue,
Entendre me parler ma jeunesse perdue.

LE BEAU PAYS

Je ne suis pas le fils des îles lumineuses
Qui parfument la mer d'un éternel printemps,
Et je n'ai pas connu leurs nuits mystérieuses,
Car je ne suis pas né sous leurs cieux éclatants.

J'ai vécu les premiers des jours que j'eus à vivre
Dans l'étroite maison tournée au vent du Nord,
Écoutant, à travers la vitre où luit le givre,
La rumeur de la rue et les sifflets du port.

Les barques qui partaient, hissant leurs blanches voiles
Dans l'aube pâle encore ou dans le clair matin,
S'en revenaient toujours aux premières étoiles,
Et leur voyage prompt n'était jamais lointain.

Elles ne rapportaient de leur course voisine
Ni les fleurs, ni les fruits d'un rivage inconnu,
Ni, prise ruisselante à l'écume divine,
Dans leur filet marin, la Sirène au sein nu.

Elles n'avaient vu poindre en quelque ardente aurore
Ni Charybde aboyant ni le rauque Scylla,
Ni salué de loin, au cap, debout encore,
Quelque temple en ruine et pourtant toujours là.

Cependant, à mes yeux d'enfant qui rit et joue
Et dont le cœur pensif bat d'un désir obscur,
La voile la plus rude et la plus humble proue
Évoquaient des pays de musique et d'azur.

Beau pays! ton mirage enivra ma jeunesse,
Et mon cœur a connu tes aubes et tes nuits;
Devant moi, ta Sirène a dénoué sa tresse,
Et j'ai goûté tes fleurs, tes sources et tes fruits.

O toi, dont nul regret n'a terni le mensonge,
Parce qu'il me suffit que je ferme les yeux
Pour sentir en mon rêve et pour voir en mon songe
Ta forme ton parfum, ta lumière et tes Dieux!

CONSEIL

Je vous ai dit, mon cœur, en ce grave matin
Où, sur la chambre vide et le foyer éteint,
A l'aube, en frissonnant, nous fermâmes la porte,
Avant que de tenter d'une sandale forte
La route qui conduit du seuil de la maison
Vers le jeune soleil d'un nouvel horizon,
Je vous disais : Mon cœur, soyez fort et stoïque,
Car le chemin est fourbe et la voie est oblique,
Et le caillou fréquent y fait buter les pas ;

La source sera loin lorsque vous serez las ;
Lorsque nous aurons faim, l'arbre dans sa verdure
N'aura pour nous qu'un fruit amer comme une injure ;
Nous saignerons sans doute aux ronces du fossé ;
Le sable sera rouge où nous aurons passé.
Êtes-vous prêt, pourtant, à ces sévères choses,
Vous que l'épine aigue éloignait de ses roses,
Vous si faible, et si doux, mon cœur, êtes-vous prêt
A vous perdre avec moi dans la sombre forêt,
A traverser la mer où souffle le vent rude,
A subir longuement, après la solitude,
Le fouet du charretier, le coude du passant,
La corne du taureau, le cri du chien méchant ?
Êtes-vous prêt, au gîte où vous croirez atteindre,
A voir l'huis se fermer et la lampe s'éteindre,
A ce que le laurier que vous vouliez cueillir
Devienne un rameau vain qui semble se flétrir ?
Saurez-vous affronter l'opprobre et l'avanie ?
N'aurez-vous pas horreur de la route haïe,
Mon cœur ? Consultez-vous, si vous êtes de ceux
Qui vont obstinément vers un but hasardeux,
Fier, si luit un instant, sur votre destinée,
La pourpre d'un beau ciel au soir de sa journée ?

L'ORAGE

Les lis du vase vert ont une odeur d'orage,
            Et, peu à peu,
Se dessinent la griffe et l'aile d'un nuage
            Au ciel trop bleu ;

Le miroir sur le mur, en sa rocaille torse
            Crispant son or,
Paraît terne, engourdi, sans reflet et sans force,
            Et comme mort ;

Les lis trop parfumés, en leur faïence verte,
 Semblent trop blancs,
Et, dans l'air lourd, là-bas, à la fenêtre ouverte,
 Parfois j'entends,

Tandis que je regarde à travers la dentelle
 Votre sein nu,
Passer comme un éclair le cri des hirondelles
 Au vol aigu...

ÉPIGRAMMES

I

Voici des roses. L'an nouveau vous les apporte.
Puissent-elles, un jour, plaire à vos yeux contents !
Si leur fraîcheur est brève et passe en peu de temps,
Leur parfum dure encor lorsque la fleur est morte ;
Ainsi du Souvenir l'odeur tenace et forte
Persiste sans faiblir et demeure longtemps.

II

Que ma flûte entendue au milieu du bois noir,
T'indique, ô voyageur, la source solitaire;
Car, pareille au Regret et pareille à l'Espcir,
Elle mire en son eau, tour à tour sombre ou claire,
L'Etoile du matin et l'Etoile du soir!

III

N'enfermez pas, amis, aux flancs de l'urne creuse
    La cendre de mon corps brûlé,
Je ne veux pas, au fond de la nuit argileuse,
    Dormir **mon** repos isolé.

Si l'esprit inquiet habite **la** poussière
    De celui qui fut un vivant,
Laissez-la s'envoler dans la belle lumière,
    Dispersée au souffle du vent.

LA SOURCE

J'ai longtemps habité le pays taciturne
Où la Tristesse, nue en ses voiles d'airain
Et l'épaule lassée au fardeau de son urne,
Écoutait murmurer un fleuve souterrain ;

Et l'obscure rumeur de cette onde lointaine
Était l'unique voix dont me parvînt l'écho :
Car de la terre inerte et de l'air sans haleine
Aucun bruit ne troublait l'immobile repos ;

Et quand, las de silence et las de solitude
Et du même horizon où s'épuisaient mes yeux,
Je me laissais tomber, le front sur le roc rude,
J'entendais sourdre en bas le flot mystérieux;

Et sa plainte secrète, éloquente et profonde,
Emplissait mon esprit et pénétrait ma chair
Du désir douloureux de voir avec son onde
Jaillir la source vive où rirait le ciel clair.

Mais debout, et tenant sur l'épaule son urne
Où de sa propre cendre elle portait le poids,
Reine aux voiles d'airain du pays taciturne,
La Tristesse allongeait son ombre jusqu'à moi.

Maintenant que ta main me guide vers l'aurore,
O toi qui m'arrachas à mon mal détesté,
L'air que nous respirons vibre à ta voix sonore
Et les fleurs de la nuit parfument ta beauté.

Tu m'as appris où sont les sources du bois sombre
Et les sources des prés et les sources des monts
Dont, longtemps souterraine et froide encor de l'ombre,
L'eau s'irise au soleil d'éclairs et de rayons,

L'eau qui, bue au cristal, ou qui, bue en l'argile,
De sa vertu limpide exalte nos matins
Où ton pas plus léger et mon pas plus agile
Nous mènent, en chantant, sur les nouveaux chemins.

Et c'est ainsi qu'un jour, de fontaine en fontaine,
En quelque doux vallon où son flot est caché,
Nous atteindrons, parmi les lauriers et les chênes,
L'onde deux fois divine où rit un Dieu penché.

AUTOMNE

Les matins de printemps ont des douceurs légères
Qui font que, si l'on aime, on croit qu'on est aimé,
Car on entend chanter parmi les primevères
Les fontaines d'avril et les oiseaux de mai.

J'aime les jours d'été dont l'aurore est si belle
Que la fleur s'illumine et que la feuille luit,
Et qu'on pense, tant leur clarté semble éternelle,
Qu'ils n'auront pas de fin et qu'ils seront sans nuit ;

Mais je préfère encor les rouges soirs d'automne
Dont la pourpre flamboie à l'horizon en feu,
Parce que notre cœur en sa cendre s'étonne
D'avoir été pareil à leur ardent adieu !

SOIR

Il est doux, ô mes yeux, lorsque le vent d'automne
Cesse de s'acharner à l'arbre dont frissonne
Le spectre dépouillé qui craque et tremble encor,
De voir, dans l'air muet où son vol se balance,
Tomber en tournoyant, à travers le silence,
     Une dernière feuille d'or !

Quand au jour éclatant qui se voile succède
Le crépuscule lent, humide, mol et tiède,
Qui fait perler la mousse au dos des bancs velus,
Il est doux, au jardin mystérieux, d'entendre
Résonner dans le soir le rire obscur et tendre
     Des visages qu'on ne voit plus.

Il est doux, ô mon cœur, lorsque la route est noire,
D'écouter longuement au fond de sa mémoire
Le pas du Souvenir aux échos de la nuit.
Si le divin flambeau est mort en sa main sombre,
Et s'il n'est pas l'Amour, peut-être en est-ce l'ombre
    Au moins qu'il ramène avec lui !...

L'ESPOIR SUPRÊME

Qu'importe si la tombe à présent où tu dors
Et qui ne fait de toi qu'un mort d'entre les morts
N'arrête point les pas de la foule rapide
Par son urne pompeuse ou par sa pyramide,
Et si son marbre dur ou son solide airain
N'attire pas les yeux du passant incertain
Et de ceux qui, devant les grandes destinées,
Courbent pieusement leurs têtes inclinées !
Que d'autres, pour montrer leur faste ou leur orgueil,

Sur leur cendre avec soin scellent des blocs de deuil,
Ne te suffit-il pas, à toi, que tu reposes
Sous ce cyprès aigu qu'enlacent quelques roses?
Et, si nul ne s'attarde autour de ton tombeau,
N'est-ce donc pas assez qu'il y chante un oiseau ?
Et, si même, en un jour futur, de l'humble pierre,
Que rongera la mousse et couvrira le lierre,
Ton nom s'efface, eh bien! que t'importe, pourvu
Que l'ombre de l'amour y pose son pied nu !

STANCES

Il ne faut souhaiter de voir un trop long âge
Et mieux vaut mourir tôt que de vivre longtemps,
Car fol est qui s'acharne à porter au visage
L'aspect de la vieillesse et le masque du temps !

Qu'un autre trouve en soi la constance et la force
Qui le fassent durer, content de ce qu'il est !
A mon sens, l'arbre mort dont ne croît plus l'écorce
Encombre le taillis et gâte la forêt.

Aussi, non dans l'hiver, mais en mon plein automne,
Veux-je que, d'un seul coup, m'abatte le destin,
Pour qu'en tombant mon soir encore se couronne
Du feuillage compact qui paraît son matin,

Et pour que le tranchant du fer qui le taillade,
Au delà de la fibre et de l'aubier vivant,
Rencontre au cœur du tronc la chair de la Dryade
En qui s'empourpre encor la sève de mon sang !

A UN POËTE

Du même geste dont on sème
Au sillon l'or épars du grain,
Tu composes chaque poème
Selon ton geste ample et serein;

En ta strophe, je crois entendre
Le bruit éclatant ou secret
Que fait le vent, grondeur ou tendre,
Dans les feuilles de la forêt;

Ton vers, tour à tour, marche ou vole,
Tantôt grave, tantôt ailé ;
Et tantôt il est la corolle,
Tantôt le fruit mûr et gonflé ;

Tout le ciel et toute la terre
Se sont peints au fond de tes yeux,
La bête et son humble mystère,
Et l'homme qui songe à ses Dieux ;

Salut à toi, fils de Virgile !
La Muse te dresse un autel,
Car tu sus, d'un roseau fragile,
Faire naître un chant immortel !

LA VEILLÉE

Venez. Je vous promets pour réjouir vos yeux
La lampe familière et le foyer joyeux
Où la pomme de pin vivement allumée
Craque et pétille en flamme à travers la fumée.
Les volets seront clos. La porte sur vos pas
Se fermera pour que les fâcheux n'entrent pas ;
Et, si l'un, cependant, comme une ombre importune,
Soudain, entre nous deux, se montrait par fortune,
Je prendrais cet éclat de marbre, d'un fronton
Tombé, et recueilli devant le Parthénon,
Et qui repose là sur le coin de ma table,
Et j'en lapiderais ce spectre détestable.

Car, ce soir, nous voulons, graves, seuls et pieux,
Parler en liberté des héros et des dieux
Et nous ressouvenir de la Grèce immortelle
En redisant tout haut ce que nous savons d'elle.
Tous deux, n'avons-nous pas foulé son sol sacré
Et vu, dans l'air divin au couchant empourpré
Ou dans le ciel plus clair et que l'aurore teinte,
Le soleil se lever ou mourir sur Corinthe ?

C'est pourquoi, tout un soir, alternativement,
Tandis que brûleront la pomme et le sarment,
Tour à tour, et pareils à des Bergers d'églogue,
Nos voix répéteront l'éternel dialogue
Auquel, de siècle en siècle, un même écho répond
Et qui chante l'honneur de la Terre au beau nom ;
Et, chacun, évoquant du fond de sa mémoire
Des images de paix, d'héroïsme et de gloire,
L'un vantera le temple et l'autre la cité,
La montagne neigeuse et le golfe argenté ;
Et nous célébrerons la lumière qui dore
Les marbres d'Eleusis, d'Égine et d'Épidaure.

Et nul ne troublera notre veille. Parfois,
Lorsque l'émotion fera trembler nos voix,
Et que nous nous tairons d'avoir nommé sans crainte

Quelque antre fabuleux ou quelque source sainte :
Hippocrène et son flot, Delphes et son laurier,
Alors, presque peureux et prêts à le prier
De ne pas nous punir de notre audace impie,
Nous croirons voir rôder, dans la chambre assombrie
Où la lampe charbonne auprès de l'âtre éteint,
Fantôme familier à la fois et hautain,
Quelque vieux roi d'Argos paternel et farouche
Qui, loin de châtier nos yeux et notre bouche,
D'un geste, à son baiser, tendra l'antique anneau
Où rue en l'or massif l'empreinte d'un taureau.

LETTRE DE ROME

Je vous écris, ce soir, de la Ville Éternelle...
Sa poussière héroïque a touché ma semelle;
Je respire une odeur de marbre et de laurier,
Et ma plume à mes doigts tremble sur le papier
En y traçant ce nom sonore et grave : Rome.
L'hôtel est convenable et l'hôtelier brave homme;
Il a l'air d'être Suisse et porte un nom romain.
Ma chambre est vaste et l'on doit m'éveiller demain
A six heures. Je suis arrivé à la gare,

Qu'il faisait déjà noir. J'ai dîné. Mon cigare
Sera presque fumé sitôt ce mot écrit.
Puisse Rome être douce à ma première nuit !
D'elle, je n'ai rien vu qu'une ville quelconque.
Des maisons, une place où soufflait dans sa conque
Un Triton qui lançait un flexible jet d'eau,
Et maintenant, j'entends à travers le rideau
Les cloches, dans le ciel, d'une église voisine,
Et j'écoute mon cœur battre dans ma poitrine.
J'ai peur. Autour de moi, dans l'ombre où elle dort,
Rome est là, comme un fantôme de bronze et d'or,
Et mon esprit est plein d'une rumeur sacrée.
Rome est ainsi pour qui, longtemps, l'a désirée,
Et savoir qu'elle est là, derrière ce carreau,
C'est émouvant, c'est mystérieux et c'est beau,
Et penser, quand le jour blanchira la fenêtre,
Que c'est sur Rome enfin que l'aurore va naître
Vous étreint d'une joie où tremble un peu d'effroi...
Mais ma bougie est naine et mon cigare est froid
Adieu, songez à moi. Je suis heureux. L'attente
Rend le cœur plus fébrile et l'âme plus ardente.
Rome ! je te vais voir en ton matin vermeil,
Et, pour te posséder déjà dans mon sommeil,
J'entrerai dans la nuit que ta gloire illumine
En répétant sept fois les noms des sept collines.

L'ARÈNE

L'arène est vaste, nue, ardente, circulaire,
Et le soleil couchant, de ses rayons, éclaire
Les gradins. Déjà, l'ombre en gravit la moitié.
Le bloc soutient le bloc à sa masse appuyé,
Et tout le large cirque, en sa rondeur immense,
Semble une cuve creuse et pleine de silence,
Tandis que, sur le ciel, se dresse un pan de mur
Debout et fruste, avec trois arcades d'azur.
Et l'on songe devant ces débris, taciturne;

Comme on respire un vin à l'argile de l'urne,
Que, peut-être, jadis, coula du sang chrétien
Sur ce sable... Et déjà le crépuscule vient
Avec, vers l'occident, des lueurs empourprées ;
Et l'on pense à des bonds de bêtes éventrées,
Et dans l'air rôde encor une odeur de martyr...
Mais l'ombre est plus épaisse et dit qu'il faut partir.
Les derniers visiteurs s'en vont vers la sortie.
D'un campanile sonne une cloche amortie.
Il ne reste à présent dans l'arène que nous
Et, là-haut, dans l'arcade claire du mur roux
Qui semble fauve encor de torches et de flammes,
Un gros prêtre qui rit, très fort, entre deux dames.

L'ILE

Puisqu'à nos souvenirs le Destin la mêla,
Nous reviendrons un jour à l'Isola Bella,
Et nous retournerons, puisque tu l'as aimée,
Au rivage divin de l'Ile parfumée
Et qui, sur l'eau, semble endormie en du bonheur.
Le vieux gardièn indifférent au visiteur
Nous ouvrira l'accès de la Villa baroque,
Et le trousseau de clés que sa main entre-choque
Fera trembler le lustre et vibrer le miroir,

Et dans le doux jardin qu'il montre — sans en voir
Les fleurs, le labyrinthe et les triples terrasses
D'où ne s'envolent pas les colombes trop grasses
— Nous le suivrons, et tout encor sera pareil,
Avec le même azur et le même soleil.
L'air sera transparent, noble, mol et limpide ;
Pas plus que le ciel bleu le lac n'aura de ride,
Et, le long du mur jaune où luit le citron d'or,
Dans le silence clair, nous entendrons encor
Battre, oiseaux revenus au nid du temps sans aile,
Nos cœurs toujours heureux dans l'île toujours belle.

NOUVELLES DE VENISE

Vous m'écrivez de Venise
Que jamais printemps plus beau
N'a tiédi l'air qui s'irise
Et miré le ciel dans l'eau,

Que la lagune est divine
D'argent vif ou d'or pâli
Et que la mousse marine
Brode le bois des « pali »,

Que les linges aux ficelles
Sèchent sur les vieux balcons
Et qu'on voit les hirondelles
Filer sous l'arche des ponts...

Vous dites, entre autres choses,
Que, sur la Rio San Stin,
Une escalade de roses
Franchit le mur d'un jardin,

Que dans l'air où il blasonne,
Gueule ouverte et flanc gonflé,
Le Lion sur sa colonne
Arque mieux son dos ailé,

Que Venise tout entière,
Canaux, églises, palais,
N'est que silence, lumière,
Couleur — et que tu t'y plais.

Et j'évoque en ma mémoire
Ton visage auprès du mien
Lorsque nous goûtions la gloire
Du printemps vénitien,

Et je crois, lointain délice
Qui m'enchante et me fait mal,
Que notre gondole glisse
Et tourne au coin d'un canal,

Et, soudain, qu'elle débouche,
Noire sur le flot doré
Par le soleil qui se couche
Sur San Giorgio Maggiore !

VENISE MARINE

C est l'heure la plus belle et le plus beau matin
      Du reste de ta **vie**
Que tu goûtes peut-être en ce petit jardin,
      Sous ce ciel d'Italie.

Le dahlia, la sauge, avec l'œillet poivré
      Et la rose d'automne,
Fleurissent dans l'air pur, transparent et **doré**
      Où l'abeille bourdonne.

Derrière le mur rouge où grimpent en feston
  La vigne et la glycine,
Une fille frappe la dalle, du talon,
  Dans la *calle* voisine.

Puis tout se tait, et le silence de nouveau
  S'étale, s'éternise,
Jusqu'à ce que le bruit d'une rame sur l'eau
  Le disperse et le brise...

Le *rio*, la *calle*, le ciel et le jardin,
  Cette cloche qui sonne,
Et ce silence, et cette odeur, et ce matin,
  Et ces roses d'automne,

O mon cœur, tout cela qui passe, tout cela
  Qui te charme et t'enchante,
Jouis-en, ô mon cœur, car chaque instant s'en va
  Et nulle heure n'est lente!

Et cependant que te faut-il pour que tu sois
       Plein d'une flamme alerte?
Il suffit du parfum de ces fleurs que tu vois
       Par la fenêtre ouverte.

Aurais-je cru jamais que tu fusses content
       De si peu, cœur avide,
Toi qui rêvais jadis quelque illustre tourment
       Où battre, plus rapide!

Mais à quoi bon ce songe et qu'importent ces vœux
       Où le destin s'oppose,
Car c'est ceci que j'aime et ceci que je veux
       Sans qu'il soit autre chose :

C'est un étroit jardin auprès d'un vieux canal
       Sous ce ciel d'Italie
Où sonne, avec un bruit de soie et de cristal,
       Une heure où tout s'oublie.

Que d'autres aient pour eux ces beaux soleils couchants
  Qui dorent la mémoire,
Le triomphe, la joie et le rire et les chants,
  La jeunesse, la gloire,

C'est bien ! mais moi, j'entends tout bas clapoter l'eau
  Aux marches de ma porte,
Et je veux en gondole aller à Torcello,
  Par la lagune morte,

Et je verrai, ce soir, la lune au croissant clair
  Se lever sur Fusine,
Dans cette odeur de sel et d'iode qu'a l'air
  De Venise marine.

LA ROSE

En voyant mourir cette rose
Dans ce vase de bronze obscur,
Je songe à sa pareille éclose
A l'ombre tiède du vieux mur,

Dans ce doux jardin de septembre
Que, du Palazzo Venier,
Par la fenêtre de ta chambre,
Nous contemplions, l'an dernier.

Et c'est l'automne de Venise
Qui renaît en mon souvenir
Avec sa grâce où s'éternise
L'été qui ne veut pas finir.

Je te revois sur la lagune,
Glissant comme en un ciel marin,
Ainsi qu'un noir croissant de lune,
Gondole, quartier d'astre éteint!

Voici le canal et la porte,
Et ces façades de palais
Dont le marbre irise l'eau morte
Des fantômes de leurs reflets...

Et ce balcon où l'on s'étonne
De ne plus voir, sur le rideau,
Se pâmer encor Desdémone
Dans les sombres bras d'Othello!

LE PALAIS ROUGE

Te souvient-il du Palais rouge
Si mystérieux et si beau
Dont le reflet s'enfonce et bouge
Dans l'onde lourde du rio?

Au bout de la ruelle étroite
Qui mène à ce pont courbe, vois,
Au-dessus de l'eau qui miroite,
Sa façade qui vient vers toi.

Pour aller jusqu'à lui, ma belle,
Il a fallu suivre un chemin
Plus compliqué que la dentelle
Qui bat au souffle de ton sein,

Car, sinueuse et délicate
Comme l'œuvre de ses fuseaux,
Venise ressemble à l'agate
Avec ses veines de canaux.

Plus qu'Ariane qu'elle imite,
Mais sans le fil qui vous conduit,
Elle vous égare bien vite
Au labyrinthe des « calli ».

N'est-ce pas ainsi, chère folle,
Que nous avons marché longtemps
Dans l'ombre épaisse, tiède et molle
Où se cherchaient nos yeux ardents?

N'avions-nous pas sur nos visages
Ce masque blanc que Longhi peint
A celui de ses personnages
Sous leur baüta de satin?

Mais, un soir, nous nous reconnûmes
Sur un campo, près d'un canal,
A cette heure où Venise allume
Les derniers feux du carnaval ;

Et, soudain, graves et farouches,
Nous sentîmes, avec des pleurs,
Monter au rire de nos bouches
Le double désir de nos cœurs.

Ce fut ainsi que nous allâmes
Vers ce vieux Palais rouge et beau
Qui semble tout léché de flammes
Et que l'Amour eut pour tombeau.

Sa façade de lieu sans maître,
Dresse un mur de pourpre écorché,
Mais on y voit à la fenêtre
Luire la lampe de Psyché !

LE REFUGE

Je ne veux rien de vous, ce soir, en ma pensée,
    O mon pays lointain.
Ni rien de vous non plus, ma jeunesse passée,
    Dont le feu s'est éteint!

Que votre souvenir impatient renonce
    A me parler tout bas,
Laissez l'écho dormir où se perd et s'enfonce
    La rumeur de vos pas !

Je suis venu chercher sur ce brûlant rivage,
    Que bat un flot plus clair,
Pour un autre moi-même, un autre paysage,
    Et j'ai passé la mer.

Je n'écoute plus rien des voix que mon oreille
    Ecouta trop longtemps
Et que me murmurait la parole vermeille
    De ta bouche, Printemps !

Mes yeux ne veulent plus suivre dans les allées
    De ton jardin moussu,
Automne, les espoirs et les ombres voilées
    Qui m'ont longtemps déçu !...

C'est pourquoi, sous ce ciel torride et monotone,
    D'azur pacifiant,
Je suis venu chercher le lourd repos que donne
    La terre d'Orient;

Et, sans que rien de plus occupât ma pensée,
    Tout le jour, jusqu'au soir,
J'ai regardé mourir cette rose enlacée
    A ce beau cyprès noir.

LE BOUQUET

J'ai, tendue à mon mur, une toile persane
Où des œillets en fleurs et des cyprès sont peints
Et d'où secrètement et doucement émane
Le parfum vagabond des Orients lointains.

Il me semble parfois, lorsque mes yeux moroses
Regardent ce décor odorant et fleuri,
Qu'une Ispahan pâmée en ses jardins de roses
A travers le tissu se réveille et sourit.

Alors, le blond tabac qui fume par ma bouche,
Dans la chambre, répand un arôme nouveau ;
Tout pas, dans la maison, est un pas de babouche ;
J'écoute un rossignol, si chante un humble oiseau !

La fontaine qui coule en sa cuve de pierre
Murmure avec la voix qu'ont ses sœurs de là-bas
Où leur flot transparent mouille pour la prière
Quelque beau front pieux que coiffe un turban bas ;

Si le carré de ciel qu'encadre ma fenêtre
Est d'un bleu dont l'azur se fonce au soir plus frais,
Je crois que, tout à coup, j'y vais voir apparaître
Un dôme de faïence entre ses minarets ;

Et lorsque vous venez, par la porte entr'ouverte,
Vous asseoir au divan où, longtemps, j'ai rêvé,
J'admire à votre pied la mule souple et verte
Dont le cuir fin imite un croissant incurvé,

Et ma pensée, au mur, sur la toile persane
Où des œillets en fleurs et des cyprès sont peints,
Cueille, afin de l'offrir aux doigts de la sultane,
Le fidèle bouquet de mes songes lointains.

LE DIVAN

Son tapis, qu'ont jadis tissé des mains persanes
De tulipes, d'œillets, de cyprès et d'oiseaux,
Est venu, de très loin, au pas des caravanes,
De quelque ville bleue où chantent les jets d'eaux.

Aux fils entrecroisés de ses trames écloses
Il imite à nos yeux l'éclat de vos jardins,
Ispahan, où le soir s'empourpre à mille roses,
Mossoul, sur qui l'aurore est pâle de jasmins !

Jadis, il m'eût donné vers les cités lointaines
Le désir de porter mes pas sous d'autres cieux
Et d'entendre, au bruit frais qui monte des fontaines,
Le rossignol répondre au rosier amoureux;

Jadis, j'aurais voulu, dans l'aube orientale,
Auprès du dôme courbe entre ses minarets,
Voir sur la tige en feu fleurir l'ardent pétale
Et les oiseaux d'amour voler vers le cyprès;

Mais aujourd'hui mes yeux à ce tapis de Perse
Ne demandent plus rien de ses riches couleurs
Que d'offrir à ton corps qui sur lui se renverse
Le printemps éternel de ses laines en fleurs;

Que m'importe le bain où rirent les sultanes
Et le mystère bleu d'un pays inconnu.
S'il me suffit de voir, tissés de mains persanes,
La tulipe et l'œillet caresser ton pied nu!

RETOUR D'ORIENT

Ce n'est plus aujourd'hui ton aube qui m'éveille,
  O divine clarté
Dont l'ardeur éclatait triomphale et vermeille,
  Au ciel ensanglanté !

Ce soleil sans éclat qui s'abaisse et se couche
  Au bout de l'horizon
N'est plus l'astre brûlant dont la pourpre farouche
  Mourait sur Ilion.

6

La lune qui blêmit à ma vitre morose
Et ne l'éclaire pas
Ce n'est plus vous, lune d'or jaune ou d'argent rose,
Qui brilliez sur Damas !

Puisqu'il en est ainsi, faites, de leurs embrasses,
Tomber à long plis lourds
Les rideaux refermés que fatiguent les masses
De leur pesant velours ;

Allumez, suspendue au plafond de la chambre,
La lampe en verre peint
Où versa doucement son huile couleur d'ambre
La jarre d'Aladin.

Sur le divan profond où le corps se renverse,
Qu'on 'étende avec soin
Cette étoffe de Brousse et ce tapis de Perse
Que l'œillet brode au coin ;

Posez auprès de moi cette aiguière au col fourbe,
Et dont le bec mord l'eau,
Et tirez ce beau sabre étincelant et courbe
Du cuir de son fourreau ;

Donnez-moi ce flacon qui garde encore enclose
      En un vivant sommeil
L'odeur qu'eurent jadis le jasmin et la rose
      A mourir au soleil...

Puis laissez-moi. Je vais abaisser ma paupière
      Et fermer maintenant
Mes yeux pleins de l'ardente et terrible lumière
      Des midis d'Orient !

LE PRINCE CAPTIF

Je suis Prince persan et n'ai pour tout royaume
  Que ce feuillet où je suis peint
Et qui n'est pas beaucoup plus large que la paume
  D'une autre main et de ma main.

Moi qui pouvais jadis voir se lever l'aurore
  Des terrasses de cent palais
Et qui traînais le pan d'une foule sonore
  Sur mes pas, partout où j'allais,

Me voici désormais prisonnier de la page
    Où quelque peintre de l'Iran
A, fraîche des pinceaux, enfermé mon image
    Dans la marge et l'encadrement.

Mais qu'importe à mon cœur de prince magnanime
    Qui sait les pièges du Destin
Et qu'au regard d'Allah tout mortel est infime,
    Cet exil en pays lointain,

Puisque dans la prison de papier qui m'enserre
    Je suis toujours noble à vos yeux
Et que mon gros rubis, de son feu solitaire,
    Empourpre mon turban soyeux,

Puisque je monte encor mon bel étalon rose,
    Que mon faucon, comme autrefois,
Peut, du haut de mon poing où sa patte se pose,
    Becqueter l'œillet à mes doigts,

Puisque mon sabre courbe, au velours qui l'engaine,
    Pend toujours de mon ceinturon
Et que je porte encore, à ma selle indienne
    Accroché, mon bouclier rond,

Puisque, comme jadis, devant vous, je traverse
       Un paysage calme et frais
Où monte, dans le ciel où son arc se renverse,
       La lune entre deux longs cyprès,

Puisque à côté de moi ma Princesse fidèle,
       Réglant son cheval sur le mien,
Ecoute s'exalter dans la nuit triste et belle
       Le rossignol qui se souvient,

Tandis que, par respect pour l'amour, à l'oreille,
       Et tout bas, elle me redit
Quelque tendre pensée, à la sienne pareille,
       D'Omar Khayam ou de Sâdi !

LE REPOS

Eteins, ô visiteur, cette torche importune ;
Ne penche pas ainsi sa flamme. Penses-tu
Que ses gouttes de feu en tombant une à une
Vont ranimer la cendre où, vivant, j'ai vécu ?

Non. Si même la pierre à l'étincelle vaine
Entr'ouvrait un instant sa froide dureté,
Et si, dans ma nuit morne, insensible et lointaine,
Revenaient jusqu'à moi la vie et la clarté,

Crois-tu donc, ô Passant, qu'au désir de revivre
Ma poussière tranquille, inerte et sans regret,
Renonçant au bienfait de la mort qui délivre,
Dans l'ombre ténébreuse encor palpiterait?

Pourtant, je fus heureux. L'Amour a sur ma bouche
Posé sa bouche ardente, et la gloire à mon front
A tressé de sa main délicate et farouche
Les feuilles du laurier qui couronnent mon nom;

Mais l'heure la plus douce et l'heure la plus tendre
Laissaient une amertume en mon cœur incertain,
Tandis que maintenant je suis là sans attendre
Le retour de la nuit et l'éveil du matin.

Que le jour généreux ou que le soir morose
Apportent aux mortels la joie ou le tourment,
Qu'importe à celui-là dont la cendre repose
Dans l'urne, sous le marbre et sous l'oubli pesant!

C'est pourquoi, ni ton pas, ni ta torche brûlante,
Ton geste, ni ta voix qui m'appelle tout haut
Ne feront tressaillir ma paix impatiente,
O visiteur, qui viens t'asseoir sur mon tombeau,

Quand bien même ta main, pieuse en son outrage,
· Romprait le bronze dur et le gond arraché,
Et si, du fond de l'ombre, ô tendre, ô cher visage,
Je te reconnaissais, Amour, sur moi penché?

BLANCHE-COURONNE

Aujourd'hui j'ai revu ce calme coin de terre
    Que vous aimiez,
Le vieux perron où pousse encor la saponaire,
    Les deux palmiers...

Le figuier plus tordu n'a cessé de s'accroître
    De jets nouveaux,
Et les rosiers en fleurs parfument le cher cloître
    Aux blancs arceaux;

Les hélianthes d'or dominent la toiture
    Basse du puits,
Où l'eau sommeille, aussi froide que la verdure
    Du sombre buis;

Autour des piliers plats la glycine s'enlace
    Et il y a
Dans un angle toujours, fleurissant à sa place,
    Le bignonia.

C'est toujours ce doux lieu dont clair et frais résonne
    Le double nom
Auquel, Douce-Fontaine ou bien Blanche-Couronne,
    L'écho répond.

Vous en aimiez la paix, les loisirs, les ombrages
    Et les chemins,
Et les beaux bois avec leurs différents feuillages,
    Hêtres et pins ;

Il vous plaisait d'y voir le chêne d'Amérique
    Près du bouleau,
Le cactus tropical et l'aloès qui pique
    Comme un couteau;

Et vous vous asseyiez, votre cigare aux lèvres,
 Sur ce vieux banc,
A ce paisible endroit, à cause de ses cèdres,
 Dit « le Liban ».

Vous y rêviez peut-être, en ces soirs où l'on pense
 A son matin,
Au jeune homme jadis venu vers notre France
 D'un ciel lointain.

A votre voix vibraient, quadruples et jumelles,
 Les rimes d'or,
Car vos sonnets, à vous, furent vos caravelles,
 Conquistador !

L'heure est douce. Le cèdre en pyramide étale
 Les verts plateaux,
En étages, de sa ramure horizontale,
 Tente ou tombeau !...

Mais le jour, peu à peu, qui commence à décroître
 Et qui s'en va,
Me rappelle à mon tour, vers le préau du cloître,
 Sombre déjà.

Partons, mais en partant, au jardin de septembre,
    Cueillons aussi
Ces fleurs que vous voyiez jadis, de votre chambre,
    Fleurir ici.

Roses d'or triomphal, roses de pourpre noire,
    Trophée altier
A qui se mêle maintenant l'odeur de gloire
    Du vert laurier !

EN MARGE DE SHAKESPEARE

*à M*me *André Chaumeix.*

ANTOINE ET CLÉOPATRE

Ce soir, j'ai vu mourir Cléopâtre ! J'ai vu
L'aspic du Nil mordre son sein et son bras nu
Et se dresser, sifflant, parmi les figues vertes.
Le lourd sceptre est tombé de ses mains entr'ouvertes,
Mais la couronne encor cercle son front étroit...
Celle de qui l'amour faisait plus grand qu'un Roi
Le mortel fortuné choisi pour son étreinte
Semble dormir. La mort baisa sa lèvre peinte,
Si doucement que, lorsque César est entré,

En vain il a cherché sur le sol empourpré
Quelque tache de sang, goutte à goutte, élargie.
Et cependant tu vas pleurer, Alexandrie,
Quand on emportera vers leur lit souterrain
Et ta Reine amoureuse et son amant romain !

Car bientôt vont venir, avec leurs aromates,
Les embaumeurs, portant en des fioles plates,
La résine durable et les sombres onguents ;
Et les bandes de lin, en funèbres serpents
S'enrouleront autour de la belle Lagide
Qui, désormais, légère, incorruptible et vide,
Sous ces liens que nul ne pourra délier,
En son cercueil de cèdre et peint d'un épervier,
Ne sera plus dans l'ombre, hélas ! ensevelie,
Que sa froide, immobile et royale momie !

Mais quelqu'un a gardé la clé de ton caveau.
Reine ! Réveille-toi. Voici que, de nouveau,
Un jeune sang frémit dans tes veines et chante
Ardemment en ta chair glorieuse et vivante !
De nouveau le vieux Nil se déroule à tes yeux ;
Tu revois ton Egypte et retrouves tes Dieux,
Et voici que ta vie éclatante et divine
Recommence. Le monde en t'adorant s'incline.

Une aurore rayonne autour de ta beauté ;
Un seul de tes regards vaut une éternité ;
Les Rois à tes genoux prosternent leurs couronnes.
Si tu poses le pied aux marches de leurs trônes,
Le marbre le plus pur ensuite y garde empreint
En son contour brûlant ton talon souverain.
C'est pour avoir goûté l'ivresse de ta bouche
Qu'Antoine n'a pas su s'arracher à ta couche.
La sueur de l'amour, sur son torse puissant,
Avec l'eau de Cydnus s'est mêlée à son sang.
O charmeuse, il suffit d'un geste de ta grâce
Pour que rampe la louve et que l'aigle vorace
Hier encor, volant farouche en l'air latin,
Te caresse de l'aile et mange dans ta main.
Mais prends garde, aux plus grands la Fortune est contraire
Soudain ! Parfois au port se brise la galère !
Tu tombes, Marc-Antoine, et demain c'est César
Qui montrera dans Rome, attachée à son char,
A moins que d'un tel sort l'aspic ne la délivre,
Cléopâtre vaincue et honteuse de vivre !

C'est ainsi chaque soir que tu meurs et renais,
Cléopâtre, immortelle et vivante à jamais,
Parce qu'un autre soir, dans un bouge de Londre,
A l'heure où la chandelle achève de se fondre,
Quelqu'un, assis au coin d'une table, devant

Un pot d'ale, tantôt rêvant, tantôt buvant,
Tandis qu'autour de lui l'on jure et fait tapage,
Vit, du fond du passé, se dresser ton image
Et te prit par la main, au seuil de ton tombeau,
Pour te faire monter aux planches du tréteau
D'où ta voix amoureuse aux siècles fait redire
Le nom de Marc-Antoine et le nom de Shakspeare.

HAMLET

Donnez-moi votre main, Prince Hamlet. Je connais
Cette fièvre qui bat au creux de vos poignets
Et qui cerne les yeux et qui sèche la bouche,
Car le même fantôme implacable et farouche
M'a parlé, comme à vous, sur la tour d'Elseneur,
Et j'ai trouvé l'aurore amère et sans bonheur
Après qu'il m'eût fait voir, sous la pourpre félonne,
Le faux Roi titubant sous sa fausse couronne
Et que, d'un geste brusque et rude, il m'eût montré

Sous le masque rieur le visage exécré.
Comme vous, quand la Vie à mes yeux apparue
Se dressa devant moi difforme, vile et nue
Avec du sang aux doigts et de la boue au front,
J'ai senti, dans ma chair et mes os, ce frisson
D'horreur, de désespoir et de mélancolie
Que ni les pleurs, hélas! ni les fleurs d'Ophélie
N'ont pu guérir en vous et dont vous seriez mort
Mieux que du noir poison qui, dans la coupe d'or,
A son piège tenta votre lèvre trompée
Ou que ne vous tua la pointe de l'épée.

A OTHELLO

Je pense à vous, seigneur Othello. Me voici
En ces lieux, autrefois où vous vîntes. Ici,
Votre rouge galère en ce port s'est ancrée :
Les acclamations ont fêté votre entrée,
Et Chypre, tout entière, en vous apercevant,
Accueillait d'un seul cri le More au bras puissant
Accouru de si loin pour combattre avec elle.
Je vous vois. Vous avez posé votre semelle
Sur cette dalle unie où le marbre est si dur,

Et votre ombre guerrière a passé sur ce mur.
J'entends toujours vibrer votre voix rude et forte ;
Vous avez salué, au-dessus de la porte
Où le soleil couchant en fait un blason d'or,
Ce beau lion ailé qu'on y distingue encor
Et dont Venise, au temps de ses gloires hautaines,
Marquait jadis le front de ses villes lointaines

Maintenant, le lion, par le temps effrité,
Ne garde plus, hélas ! qu'un débris de cité.
Famagouste n'est plus qu'une fauve ruine
Que solennelle, grave et massive, domine
De ses deux tours, dont l'une est croulée à demi,
Sa cathédrale haute et gothique, parmi
Quelques palmiers poudreux qui balancent leurs palmes
Dans l'air limpide, chaud, silencieux et calme
— Famagouste qu'enserre, autour d'elle debout
En sa pierre fidèle et forte jusqu'au bout,
Immuable aujourd'hui encor comme naguère,
De son double rempart, son enceinte de guerre.

Et c'est là que je songe à vous, sombre Othello,
Tandis que s'empourprent le ciel, la terre et l'eau
Et que le sol ardent brûle mon pas sonore ;
A vous, ô vaillant chef, à vous, ô noble More,

A vous, à qui l'amour avait souri, malgré
Votre visage obscur par le Turc balafré,
A vous que, fils lointain de la barbare Afrique,
Avait fait l'un des siens la ville adriatique,
A vous qu'elle envoyait, comme son seul espoir,
Défendre cette Chypre où je crois vous revoir,
A vous que va bientôt, sur ce rivage, suivre
Celle dont votre cœur se délecte et s'enivre
Et qui mêle l'éclat de son rire enfantin
A la rude rumeur de votre âpre destin
Et tresse à votre front que le laurier couronne
Le vert rameau du myrte amoureux, — Desdémone !

Othello, Othello, pourquoi n'avez-vous pas
Écouté cette enfant qui riait en vos bras,
Si tendrement, les mains jointes à votre épaule ?
Il est tard. Le flot bleu déferle sur le môle
Et l'ombre des hauts murs s'allonge sur la mer.
La lune d'Orient monte dans le ciel clair
Et votre femme, au vent du soir plus frais, dénoue
Les longs cheveux dorés qui caressent sa joue.
Sur le lit, près duquel elle vient de prier,
Voici le drap unique et le double oreiller,
Venez : son jeune sein est doux sous les dentelles.
De poste en poste court le cri des sentinelles.

Famagouste s'endort. Dormez, fermez les yeux.
Pourquoi ces poings serrés et ce front soucieux ?

Que d'autres, Othello, maudissent ta mémoire :
Je te plains, car l'enfer luit sur ta face noire.
Horreur ! pour un seul mot bassement chuchoté
Et dont l'impur écho dans ton âme est resté,
Le soupçon, monstrueux, subtil, âpre, vorace,
Te pénètre, te mord au cœur, t'étreint, t'enlace
Et fait grincer tes dents et trembler tes genoux !
Pour un mot, pour un mot, entends-tu, ô jaloux,
Pour un mot que n'a pas repoussé ton oreille,
Sonore cependant de la clameur vermeille
Des batailles, du bruit des flots et de la mer
Et du cri des clairons et des beaux chocs du fer
Et du frissonnement des drapeaux sur la proue,
Pour un mot que n'a pas rejeté dans la boue
Le divin talisman des paroles d'amour,
Pour un seul mot, auquel tu devais être sourd,
Tu n'es plus maintenant, en ces lieux dont ton ombre
Hante la solitude et le fauve décombre,
Qu'un fantôme à jamais des siècles exécré,
Que, ce soir, devant eux, mes pas ont rencontré
Et qui, spectre sans voix, tâte d'une main vaine
Des larmes et du sang sur sa face africaine !

PORTIA

Portia, vous rêvez et ce soir est divin.
Déjà l'ombre est plus longue aux cyprès du jardin;
Par la fenêtre ouverte entre l'odeur des roses.
Votre main, en jouant, aux trois serrures closes
Touche, et vous hésitez à leur triple secret.
Sera-ce l'or, l'argent ou le plomb du coffret
Qui tentera Celui dont vos beaux yeux suivront
Le geste vers l'argent, vers l'or ou vers le plomb?
Mais vous avez souri, Portia, quand, dans l'ombre

De ce bosquet obscur où le soir est plus sombre,
Le hautbois, la viole et la flûte ont chanté,
Et votre jeune cœur est sans anxiété,
Car il sait que Celui qui doit par son amour
Deviner les coffrets présentés tour à tour
Saura comprendre alors pour diriger son choix
Ce que murmureront la flûte et le hautbois
Et ce que dit tout bas à qui prête l'oreille
La viole savante aux sept cordes pareilles.

MACBETH

La fin de ce beau jour est douce à cette rose
Qui parfume la tige où sa grâce est éclose,
Et l'ombre est plus aiguë au cadran du jardin.
Les martinets criards n'ont, depuis le matin,
Cessé de visiter, anxieux et fidèles,
Leurs nids ronds suspendus aux créneaux des tourelles
D'où l'on voit la forêt, la lande et le lac bleu ;
Mais le soir vient sur la campagne, peu à peu,
Et les âpres parfums de la terre d'Écosse

Montent dans l'air salubre où luit, courbe et féroce,
Coupante et déjà claire, une lune en croissant.
Au sommet de la tour du Nord, l'étendard pend,
Sans qu'un seul de ses plis ondule, flotte ou bouge,
A sa hampe que semble mordre un lion rouge ;
Les veilleurs déjà sont à leurs postes de nuit.
La porte du château s'est fermée avec bruit.
Les fagots épineux où flambent les résines
Empourprent en craquant les dalles des cuisines.
On a donné l'avoine et le foin aux chevaux.
La viande dans les plats et le vin dans les pots
Sont prêts. Mangez, buvez : le maître veut qu'on mange
Et qu'on boive. Il le faut, car, dit-on, l'homme change
En lui le vin en rêve et la viande en sommeil.
Le maître veut qu'on ait le visage vermeil
Autour de lui, et que l'on rie et qu'on soit ivre.
C'est la vie, et la vie, il aime à la voir vivre ;
Mangez donc et buvez et dormez, car au roi
Vous devez obéir parce qu'il est la loi.
Que vous importe, à vous, qui connaissez l'aubaine
De dormir d'un seul trait jusqu'à l'aube prochaine,
Que vous importe, à vous, si Macbeth ne dort pas,
Si le remords lui parle à l'oreille tout bas,
Et s'il reste debout lorsque chacun repose,
Si sa paupière en feu, le matin, n'est pas close,
S'il a peur, s'il entend résonner dans l'écho

Le râle de Malcolm ou le cri de Banquo,
Si, les yeux grands ouverts et le doigt à la tempe,
Il regarde, hagard, tarir l'huile à la lampe,
Tandis que, devant lui, lasse d'un geste vain,
Sa femme laisse pendre en silence sa main
Où la tache de sang semble s'être élargie,
Et songe longuement aux parfums d'Arabie ?...

ROMÉO ET JULIETTE

Juliette Capulet et Roméo Montague,
L'amour cruel a mis la fiole et la dague
Entre vos jeunes mains faites pour d'autres jeux ;
L'éclair a lui trop tôt sur vos sorts orageux ;
Ensemble vous n'avez dormi que dans la tombe ;
Un funèbre cyprès où pleure une colombe
Est l'emblème que veut votre mortel destin.
Et cependant, aux grenadiers du vert jardin,
Vous avez écouté, dans la nuit, bouche à bouche,

La voix du rossignol amoureux et farouche
Et crier l'alouette au ciel, vers le soleil,
Vous que le noir poison et que le fer vermeil
Devaient unir, un jour, en une même cendre,
O vous, dont le désir ne voulait pas entendre,
O sourds amants, gronder de leurs griefs nouveaux
Vos deux palais haineux, ennemis et rivaux,
D'où, la main à l'épée et le poing à la torche,
Le meurtre et la vengeance embusqués sous le porche
S'épiaient, l'œil mauvais et le visage ardent,
Tandis que, plus subtil que la flamme et le vent,
L'amour astucieux, riant de la querelle,
Parce qu'il était beau, parce qu'elle était belle,
Irrésistiblement l'un vers l'autre appelait,
Vieux Montague, ton fils, — ta fille, Capulet!

LE MIROIR DES AMANTS

SUIVI DE

SEPT ÉSTAMPÉS AMOUREUSES

J'offre à votre visage, Amants, et vous Amantes,
Ce miroir, tour à tour morose et radieux,
Selon que se reflète en ses ondes dormantes
Le rire de vos dents ou le deuil de vos yeux.

Comme une source unique, en diverses fontaines
S'écoule, et, par chacune, est d'un goût différent,
Le variable Amour tend aux lèvres humaines
Son poison meurtrier ou son philtre enivrant.

Les uns boivent en lui l'éternelle amertume
Dont leur bouche à jamais gardera l'âcre pli,
Et s'en vont, emportant en leur cœur qu'il consume,
Un feu sourd dont la cendre, hélas! est sans oubli.

D'autres n'ont conservé de sa rencontre heureuse
Que le frais souvenir des limpides ruisseaux
Où leurs mains doucement jointes en coupe creuse
Ont puisé le bonheur qui chantait dans leurs eaux.

C'est pourquoi vous verrez, satisfaits ou farouches,
Et pleins d'un douloureux ou d'un tendre passé,
S'attrister des regards ou sourire des bouches
En ce même cristal chaleureux ou glacé,

Mais, content de la route ou las du dur voyage,
Soit le pas qui s'approche allègre ou bien pesant,
Amour, c'est toujours toi, Prince au double visage,
Qui te mires par eux à ce miroir changeant!

LE BONHEUR

Nul n'est venu, pourtant, m'apporter la couronne
Que chacun, une fois, pose en rêve à son front ;
Je ne suis point, non plus, celui pour qui résonne
Le pas du messager qu'on vit à l'horizon.

On n'a pas, au réveil, déroulé sous ma tente
Les tapis somptueux dont les tissus persans,
Par la rose et l'œillet en leur laine éclatante,
Rappellent aux regards le jardin du printemps ;

En de lourds sacs de cuir noués par des lanières,
Mes mains avidement n'ont pas plongé leurs doigts
Pour y tâter un or aux empreintes grossières
Et pour y caresser des figures de rois.

Le coureur haletant, ni l'espion servile
N'ont paru devant moi, poussiéreux ou courbé,
M'apprenant que demain on aura pris la ville
Et que mon ennemi dans mon piège est tombé ;

Et cependant je sens comme un bonheur étrange
Si profond et si fort qu'il en semble éternel ;
La fleur que je respire et le fruit que je mange
Ont comme un goût d'azur, comme une odeur de ciel.

C'est que, plus fortuné que les Dieux qui t'ont faite,
J'ai dormi, cette nuit, près de ton corps divin,
Et que j'ai vu, pareille à ta beauté parfaite,
S'éveiller dans tes yeux la couleur du matin.

L'AMOUREUSE

Celui qui le mieux plaît à mon cœur solitaire,
De tous les beaux jardins qu'ont visités mes pas,
C'est vous, que je revois en le nommant tout bas,
O cher enclos, dont l'ombre est pleine de mystère !

D'autres sont plus que vous, ô petit coin de terre,
Embaumés de jasmin ou fleuris de lilas,
Mais, malgré leurs bosquets et leurs eaux, ils n'ont pas
Le charme familier de votre humble parterre.

Quelques roses qu'aucune rose n'égala,
Auprès du bassin clair, y poussent çà et là ;
Nul parfum ne m'est doux que leur odeur lointaine,

Car dans mon souvenir, ô roses du jardin,
Vous mêlez votre arôme au chant de la fontaine
Où l'amour effeuilla la fleur de mon matin.

L'EXHORTATION

Vous êtes, mon enfant, plus chaste et plus farouche
Que le lis du vallon et la rose des bois,
Et cependant j'ai vu s'attendrir votre bouche
Quand la rose et le lis s'effeuillaient de vos doigts,

Car vous savez, hélas ! que les fleurs les plus belles
D'un parfum passager embaument le printemps
Et qu'il ne survit rien de ce qui charme en elles
Quand l'automne a fané leurs contours odorants ;

Et vous savez aussi que l'âge vous mesure
La saison de l'amour et de la volupté
Et que le souvenir est ce qui reste et dure
Et de toute jeunesse et de toute beauté.

C'est pourquoi, dans un soir de délire et de fièvre,
Vous sentirez en vous votre orgueil se briser
Parce que vous voudrez que votre jeune lèvre
Connaisse la douceur qu'a le goût du baiser.

Alors, obéissante à celui qui vous aime,
Vous permettrez dans l'ombre à l'amant anxieux
Que son hardi regard apprenne de vous-même
Ce qu'en sait son désir et qu'ignorent vos yeux,

Et vous, enfant pareille aux fleurs du bois sauvage,
Sans défendre à sa main vos voiles soulevés,
Vous offrirez vous-même à l'amour en hommage
Votre rose secrète et vos lis réservés.

LE CHOIX

Je ne me suis pas dit lorsque je vous ai vue
    Pour la première fois,
Ni lorsque j'ai senti votre main retenue
    Frémir entre mes doigts,

Je ne me suis pas dit : « Mon cœur, voici l'orage
    Avec elle qui vient !
Puisse l'éclair luire en ses yeux, et son visage
    S'incliner vers le mien !

8.

« Que quelque magnifique et foudroyant prodige,
     Ainsi qu'il n'en est pas,
Soudain, et d'un élan de trouble et de vertige,
     La jette entre mes bras!

« Qu'elle entre éblouissante et brusque dans ma vie
     Et d'un pas si vainqueur
Que j'entende souffler comme un vent de folie
     Aux échos de mon cœur! »

Non, quand je vous ai vue et que votre main lasse
     Eut frémi doucement
En la mienne, j'ai dit votre nom à voix basse
     Et pensé simplement :

« Tu es belle, tes yeux, ta bouche et ton visage
     Sont beaux comme ton corps ;
Heureux celui qui t'aime et qui, la nuit, partage
     Le lit où tu t'endors!

« Heureux qui, chaque soir, peut dénouer à l'aise
     Tes cheveux abondants
Et qui touche ta joue et ta gorge et qui baise
     Ton rire sur tes dents.

« L'homme qui peut jouir de tes beautés secrètes
          Est plus heureux qu'un Dieu,
Car, lorsqu'un double attrait unit des forces prêtes,
          L'amour est un beau jeu.

« Il ne faut rien de plus pour échauffer l'étreinte,
          O chair, que la beauté,
Et, de la cendre d'or de la toison éteinte,
          Renaît la Volupté ! »

C'est pourquoi, quand tu viens, taciturne et docile,
          Proposer au plaisir
Ton beau corps langoureux dont caresse l'argile
          La flamme du Désir,

Je raille ces Amants douloureux et farouches
          Dont l'amère fureur
S'irrite et se nourrit de l'écume, à leurs bouches,
          Des orages du cœur.

LA CAPTIVE

Je vous ai si souvent regardée au visage
Que j'en ai désiré votre corps tout entier,
Et maintenant mes yeux conservent une image
Que mon cœur désormais ne peut plus oublier.

Que m'importe à présent si vos mains trop rapides
Couvrent votre beauté de longs voiles jaloux !
C'est en vain qu'à vos pieds tombent leurs plis rigides
Puisqu'ils ne sont plus là lorsque je pense à vous.

Le jour peut s'achever et la nuit ténébreuse
Peut vous confondre toute à son obscurité,
N'êtes-vous pas debout dans son ombre amoureuse
En un rêve pareil à votre nudité ?

Et si vous détournez du mien votre visage,
Si, loin de moi, s'en va votre pas orgueilleux,
Est-il rien qui pourra dénouer l'esclavage
Qui vous fait ma captive et vous lie à mes yeux ?

LA GLOIRE

Je suis fier, car je sais, comme le plus robuste,
Tendre l'arc recourbé d'où part la flèche juste,
Et parce que mon bras musculeux sait comment
On dompte l'étalon, le hongre, la jument,
Et de quel geste sûr, par l'épieu, l'on transperce
Le loup qui se débat ou l'ours qui se renverse !
Car la chasse est un jeu magnifique. Elle sert
A durcir sourdement le muscle sous la chair
Et, lorsque l'on poursuit les bêtes au poil rude,

Leur rencontre, farouche et sauvage, prélude
Au plaisir plus mortel, plus meurtrier, plus beau,
De brandir au soleil le glaive au lourd pommeau
Que la Guerre implacable et qui souffle la haine
Fait luire au poing fermé de l'homme qu'elle entraîne
Et qu'elle rue, avec des cris, et d'un seul bond,
Vers la Victoire en sang debout à l'horizon !

C'est pourquoi je suis orgueilleux, sentant leur force,
De mon bras énergique et de mon jeune torse ;
Mais c'est moins d'eux pourtant que me vient ma fierté,
Ni de la flèche aiguë ou du glaive irrité,
Que d'avoir, délaissant leur double exploit stupide,
Cueilli, le cœur battant et le geste timide,
La rose du hallier et le lis du ravin
Pour en offrir l'hommage à ton regard divin
Que charme leur couleur et réjouit leur vue,
Et de pouvoir, étreint par toute ta chair nue,
Faire, amant triomphal et vainqueur glorieux,
Gémir d'amour ta bouche et se fermer tes yeux.

L'INTRUS

Il fait sombre ; la rue est grise, le ciel bas...
Le spleen à l'aile maigre et qu'alourdit la fange,
Fantôme familier qui n'est pas même étrange,
Visite les amants et leur parle tout bas.

Aux uns, pour que leur cœur s'en distraie, il conseille
De chercher autre part une autre volupté
Et, tandis qu'il les pousse à l'infidélité,
Sa monotone voix bourdonne à leur oreille ;

Aux autres, pour guérir un mal qui vient de lui,
Leur reprochant leur bouche et leurs mains inactives,
Il persuade avec des paroles lascives
D'essayer de plaisirs qui trompent leur ennui.

C'est alors que, dupés au double stratagème,
Ils rêvent sourdement à leur désir nouveau,
D'une main frémissante écartant le rideau,
Leur front pâle appuyé contre la vitre blême...

Mais, tu n'entreras pas, Démon au vol pesant ;
En vain gratte au carreau ton aile désarmée,
Le crépuscule en vain sur la ville embrumée
Tombe, ce n'est pas toi que ma veillée attend ;

Ici, dans l'âtre vif, brille une flamme ardente.
Que m'importe l'automne et que me fait le soir,
L'image d'une rose y rit dans le miroir !
Le silence est divin et l'ombre est odorante...

Va-t'en. Je suis heureux. L'Amour est là. Va-t-en !

LE REPOS APRÈS L'AMOUR

Nul parfum n'est plus doux que celui d'une rose
Lorsque l'on se souvient de l'avoir respiré
Ou quand l'ardent flacon, où son âme est enclose,
En conserve au cristal l'arôme capturé.

C'est pourquoi, si jamais avec fièvre et délice
J'ai senti votre corps renversé dans mes bras
Après avoir longtemps souffert l'âcre supplice
De mon désir secret que vous ne saviez pas,

Si, tour à tour, muet, pressant, humble, farouche,
Rôdant autour de vous dans l'ombre, brusquement,
J'ai fini par cueillir la fleur de votre bouche,
O vous, mon cher plaisir qui fûtes mon tourment !

Si j'ai connu par vous l'ivresse sans pareille
Dont la voluptueuse ou la tendre fureur
Mystérieusement renaît et se réveille
Chaque fois que mon cœur bat contre votre cœur,

Cependant la caresse étroite, ni l'étreinte
Ni le double baiser que le désir rend court
Ne valent deux beaux yeux dont la flamme est éteinte
En ce repos divin qu'on goûte après l'amour !

L'ANGOISSE DIVINE

Regarde-moi. Là-bas, j'ai vu s'enfuir l'orage
Et la nuée éparse et l'éclair sans retour ;
Mon étroite maison semble celle du sage,
J'ai l'air d'avoir vaincu la colère et l'amour.

Le soir qui va venir est doux à mon silence ;
La solitude nue est assise à mes pieds,
Et l'horloge muette où l'aiguille s'avance
Sonnera bientôt l'heure où tout est oublié.

Mais qu'un rayon perdu du soleil qui se couche
Par la croisée en feu descende sur ma main,
Ou qu'un cher souvenir effleure de sa bouche
Ma mémoire tremblante à son souffle incertain,

Que la rose qui meurt en ce vase de Perse,
Odorante, à l'adieu de son éclat défunt,
Avec trop de douceur dans l'ombre molle, verse
Son suprême pétale et son dernier parfum,

Alors mon cœur — ce cœur qui bat dans ma poitrine
Et que je croyais mort d'être silencieux —
Me remplit tout à coup d'une angoisse divine
Qui monte brusquement en larmes vers mes yeux,

Et tout mon vieux passé de tourment et d'orage
Dont palpite l'éclair et gronde l'écho sourd,
De son reflet ardent empourpre mon visage
Que vaincront de nouveau la colère et l'amour.

LE JALOUX

Ne faites pas semblant, en effeuillant ces roses,
De penser à celui dont mon cœur est jaloux ;
N'abaissez pas ainsi vos paupières mi-closes
Sur ce regard trop lourd, trop lointain et trop doux.

Car il est trop cruel déjà pour qui vous aime
Que de vous, trop longtemps, le destin l'ait exclu,
Toute votre jeunesse, hélas ! fut à vous-même
Et vous en avez fait ce qu'il vous aura plu !

Laissez à mon amour le soin de sa torture,
Qu'il la puisse choisir parmi votre passé,
Celui-là souffre moins dont la plaie est obscure
Et qui ne connaît pas la main qui l'a blessé!

VISAGES

Je vous ai trop aimée, Automne au cher visage, —
Dit-il, — ô vous pareille à celle que j'aimais !
Son cœur, comme le vôtre, était ardent et sage ;
Vos yeux, comme les siens, me sont doux à jamais.

Lorsque vous regardiez sans regret, une à une,
Vos feuilles dans le vent s'envoler vers la nuit,
Il me semblait la voir, comme vous sans rancune,
Sourire indifférente à l'heure qui s'enfuit.

En vous je retrouvais sa façon d'être belle :
Car elle eut, comme vous, cette même beauté
Qui, d'un instant, paraît devoir être éternelle
Et qui se rajeunit de sa maturité.

Ainsi, faite de brume et d'air et de feuillage,
Votre face divine et qui ne meurt jamais,
Automne, se confond avec un cher visage
Et celui que je vois est celui que j'aimais !

L'AVEU

Mon cœur est sans regret, ce soir, et sans tristesse ;
Le jour a fui pourtant, et vous n'êtes plus là ;
Ces roses, peu à peu, dans l'ombre plus épaisse,
Semblent des fleurs de cendre où quelque feu brûla ;

Cependant, aujourd'hui vous étiez toujours belle,
Vos mains étaient vos mains, vos yeux étaient vos yeux,
Et comme j'eusse hier trouvé morne et cruelle
L'heure où vous me laissez seul et silencieux !

Mais, ce soir, je me sens le cœur ingrat et sombre ;
Vous étiez près de moi, et j'étais loin de vous,
Et j'aurais souhaité que s'effaçât dans l'ombre
Votre visage pur, délicieux et doux,

Car je voudrais pouvoir vous haïr, vous que j'aime,
Rose qui parfumez mon destin embaumé !
Pour m'éviter ainsi, par un vil stratagème,
Peut-être le tourment de n'être plus aimé ;

Je voudrais, cœur honteux de sa lâche espérance,
Ne plus me souvenir de vous par qui je vis...
Mais c'est encor l'amour, un amour qui d'avance
Se prépare à la haine et se force à l'oubli ?

LA RUPTURE

Ce n'est pas votre adieu qui me tire ces larmes
   Que je ne cache pas,
Et si je fus blessé, ce n'est point par vos armes :
   Elles frappent trop bas.

Si vos yeux insolents regardent ma détresse,
   N'en prenez point sujet
Pour vous enorgueillir de l'état où me laisse
   Cette douleur que j'ai,

Car vous avez en vain dans ma coupe tendue
　　Versé l'âcre poison
Et, pendant mon sommeil, effeuillé la ciguë
　　De votre trahison ;

En vain votre mauvais et perfide sourire
　　Me raille lâchement
D'avoir tenu pour vrai ce que vous savez dire
　　D'une bouche qui ment.

Non ! ce n'est pas cela, voyez-vous, que je pleure,
　　Le front entre mes mains,
Et ce n'est ni vous-même, hélas ! et ni le leurre
　　De vos yeux incertains,

Mais que votre beauté à qui je fus crédule
　　Ait dupé mon amour
Et d'avoir trop longtemps pris votre crépuscule
　　Pour l'aube d'un beau jour ;

Car je n'ai dans mes bras serré que le mensonge
　　D'un fantôme vivant
Et me voici pareil à celui dont le songe
　　Jette son or au vent...

Et ce que je regrette en ces larmes cruelles
     Où vous n'êtes pour rien
Ce n'est pas, sachez-le, vous sans pitié pour elles,
     Votre amour, c'est le mien!

LE RETOUR

Je connais ce visage et ces yeux, et ta bouche,
    Je la connais aussi,
Et cet air inquiet, misérable et farouche
    En lequel te voici.

Je sais pourquoi tes mains, ami, tremblent encore
    De désir et de peur,
Et que, si je tâtais ta poitrine sonore
    A l'endroit de ton cœur,

Je le sentirais battre et frémir sous mon pouce
Au choc sourd de ton sang ;
Je sais pourquoi ta voix est rauque, lasse et douce
Et ton pas chancelant.

C'est parce que ta lèvre a prononcé dans l'ombre
Un nom mystérieux
Et qu'une forme nue en ta mémoire sombre
Brûle devant tes yeux !

Car te voici, ce soir, Dieu qui redeviens homme,
Revenu sans retour
Du ténébreux, ardent et terrible royaume
Où t'a conduit l'amour !

Ce n'est pas moi qui parle en ces vers. Non, c'est vous,
Amants heureux, amants trahis, amants jaloux,
Vous qui dites tout haut par mes lèvres fermées
Ce que vous murmuriez sur des bouches aimées
Et ce que votre voix de colère et d'amour,
Maudissant la lumière ou bénissant le jour,
Répétait, furieuse ou douce, rauque ou tendre...
Ma parole est l'écho où l'on peut vous entendre,
Toi, dont la passion fut un songe vermeil,
Plein de roses, de chants, de joie et de soleil,
Et toi qui, déchiré par l'anxieux tourment
De la chair qui se donne et de l'âme qui ment,
Cherches, vaine toujours au milieu du bois sombre,
D'arbre en arbre, à saisir le prestige d'une ombre
Qui se montre et se cache à travers les cyprès ;
Et toi qui, tout saignant de honte et de regrets,

T'es assis en pleurant sur le bord de la route ;
C'est vous tous, tour à tour, que ma mémoire écoute,
Amants heureux, amants trahis, amants jaloux,
Et ce n'est pas moi qui parle en ces vers. C'est vous !

SEPT ESTAMPES AMOUREUSES

LUCINDE AU CORPS DIVIN

Lucinde n'est pas née au temps où ses aïeux
Habitaient leurs palais d'Espagne ou d'Italie,
Aussi voit-on, parfois, errer dans ses beaux yeux
Un regard de regret et de mélancolie.

Enfant, elle n'a pas, parmi les orangers,
Admiré leurs fruits mûrs à leurs branches lointaines,
Ni, du dôme abondant des bosquets trop chargés,
Vu les lourds citrons d'or tomber près des fontaines ;

Au bord des bassins ronds qu'entoure un sombre buis,
Elle n'a pas marché sous les charmilles basses,
Ni le soir, pour rêver, recherché les appuis
Du marbre où l'on s'accoude aux rampes des terrasses ;

Elle n'a pas, dans l'ombre, écouté les secrets
Que murmure tout bas le silence des choses,
Et la lune levée au-dessus des cyprès
N'a pas, en ses doigts fins, fait s'effeuiller des roses.

Lucinde n'a pas eu des jardins pleins de Dieux
Où le jet d'eau brillant rit aux vasques moussues,
Ni des palais remplis d'échos mystérieux
Au vestibule vaste où veillent des statues ;

Les cascades n'ont pas chanté sous son balcon
Leur fureur langoureuse ou leurs fluides plaintes ;
Elle n'a pas dormi sous un riche plafond
Où, dans les entrelacs, des figures sont peintes.

Non ! la chambre est petite où Lucinde s'endort
Et sa fenêtre haute ouvre sur un ciel vide,
Et le miroir étroit n'a pas de cadre d'or
Où se voit, au réveil, son visage candide ;

Mais qu'a-t-elle besoin de ce qu'elle n'a pas,
Des perles de l'Ophyr ou des tissus de l'Inde,
Puisque la moindre fleur s'embellit sous ses pas
Et que, parée ou non, elle est toujours Lucinde ?

Car ne suffit-il point, pour que le clair matin
Comme sa jeune reine à genoux la salue
Et pour que l'air entier soit un printemps divin,
Qu'en riant à son corps elle se mette nue ?

ALBERTE AU CHER VISAGE

Lorsque je pense à vous, Alberte au cher visage,
Et, quel que soit le lieu, le jour ou la saison,
Quand je vois à mes yeux se former votre image,
Je suis comme quelqu'un qui sort de sa prison :

Un voile ténébreux devant moi se déchire
Et s'ouvre tout à coup sur un ciel plein d'oiseaux.
Ma bouche avec ivresse, à l'air qu'elle respire,
Voluptueusement, trouve des goûts nouveaux ;

J'entends chanter en moi des fontaines sonores
Que n'épuiseraient pas les feux de cent étés
Et qui savent garder la fraîcheur des aurores
Sous le pesant soleil des midis irrités ;

Je crois aller vers vous par un jardin d'Asie
Que parfument des fleurs qui ne se fanent pas,
Et je sens se hausser, en sa pourpre polie,
Une marche de marbre à chacun de mes pas ;

Puis c'est un grand silence où bat le cœur des choses
Et tout semble éternel, ineffable et divin,
Et le rouge pétale où s'effeuillent les roses
Jusques à votre seuil me montre le chemin...

Et cependant la rue autour de moi bourdonne,
A moins que, dans ma chambre au plafond enfumé,
Je n'écoute vibrer l'horloge monotone
Ou l'averse frappant le carreau refermé ;

Mais, pour faire en mon cœur naître, par votre image,
Ces roses, ces jardins, ces fontaines, ces cieux,
Il suffit que je pense à ce jeune visage
Dont les yeux à jamais ont ébloui mes yeux !

ELVIRE AUX YEUX BAISSÉS

Quand le désir d'amour écarte ses genoux
Et que son bras plié jusqu'à sa bouche attire,
Tout à l'heure si clairs, si baissés et si doux,
On ne reconnaît plus les chastes yeux d'Elvire.

Eux qui s'attendrissaient aux roses du jardin
Et cherchaient une étoile à travers le feuillage,
Leur étrange regard est devenu soudain
Plus sombre que la nuit et plus noir que l'orage.

Toute Elvire à l'amour prend une autre beauté ;
D'un souffle plus ardent s'enfle sa gorge dure,
Et son visage implore avec félicité
La caresse trop longue et le plaisir qui dure...

C'est en vain qu'à sa jambe elle a fait, sur sa peau,
Monter le bas soyeux et que la cuisse ajuste,
Et qu'elle a, ce matin, avec un soin nouveau,
Paré son jeune corps délicat et robuste.

La robe, le jupon, le linge, le lacet,
Ni la boucle ne l'ont cependant garantie
Contre ce feu subtil, langoureux et secret
Qui la dresse lascive et l'étend alanguie.

Elvire ! il a fallu, pleine de déraison,
Qu'au grand jour, à travers la ville qui vous guette,
Peureuse, vous vinssiez obéir au frisson
Qui brûlait sourdement votre chair inquiète ;

Il a fallu laisser tomber de votre corps
Le corset au long busc et la souple chemise
Et montrer à des yeux, impurs en leurs transports,
Vos yeux d'esclave heureuse, accablée et soumise.

Car, sous le rude joug de l'amour souverain,
Vous n'êtes plus l'Elvire enfantine et pudique
Qui souriait naïve aux roses du jardin
Et qui cherchait l'étoile au ciel mélancolique.

Maintenant le désir écarte vos genoux,
Mais quand, grave, contente, apaisée et vêtue,
Vous ne serez plus là, vous rappellerez-vous
Mystérieusement l'heure où vous étiez nue?

Non! Dans votre jardin, doux à vos pas lassés,
Où, parmi le feuillage, une étoile palpite,
De nouveau, vous serez Elvire aux yeux baissés
Que dispense l'oubli du soin d'être hypocrite.

PAULINE AU CŒUR TROP TENDRE

Que dira-t-on de vous, Pauline au cœur plus tendre,
Que le tendre regard de vos beaux yeux si doux
Et qui semblez toujours en souriant attendre
Qu'avant de vous parler on se mette à genoux?

Ceux dont la foi s'est prise à la promesse vaine
De votre jeune rire et de votre beauté
En garderont peut-être un souvenir de haine
Et maudiront les jeux de votre fausseté ;

10.

Pour d'autres, vous serez l'Ingrate et l'Infidèle
Parce que vous aurez pris un autre chemin
Et que la fleur d'amour qu'ils croyaient éternelle
N'aura fleuri pour eux que le temps d'un matin ;

Mais **lui**, songeant à vous, en silence, dans l'ombre,
Il les laissera dire et s'en ira loin d'eux
Pour rêver longuement à ce soir tiède et sombre
Où sa joue a touché vos seins et vos cheveux.

Car n'est-ce pas assez, Pauline au cœur trop tendre,
D'avoir senti frémir entre ses bras, avant
Que vous ne soyez plus que poussière et que cendre,
Votre corps partagé, sans doute, mais charmant ?

Qu'importe à qui respire une corolle éclose
Le bouquet plus nombreux qu'elle eût pu composer,
Son parfum n'est-il pas dans une seule rose
Comme toute la bouche est dans un seul baiser ?

JULIE AUX YEUX D'ENFANT

Lorsque Julie est nue et s'apprête au plaisir,
Ayant jeté la rose où s'amusait sa bouche,
On ne voit dans ses yeux ni honte ni désir ;
L'attente ne la rend ni tendre ni farouche.

Sur son lit où le drap mêle sa fraîche odeur
Au parfum doux et chaud de sa chair savoureuse,
En silence, elle étend sa patiente ardeur
Et son oisive main couvre sa toison creuse.

Elle prépare ainsi sans curiosité
Pour l'instant du baiser sa gorge et son visage,
Car, fleur trop tôt cueillie et fruit trop tôt goûté,
Julie aux yeux d'enfant est jeune et n'est plus sage!

Sa chambre aux murs savants lui montre en ses miroirs
Elle-même partout répétée autour d'elle
Ainsi qu'en d'autres lits, elle s'est, d'autres soirs,
Offerte, indifférente, en sa grâce infidèle.

Mais lorsqu'entre ses bras on la serre et l'étreint,
La caresse importune en son esprit n'éveille
Que l'écho monotone, ennuyeux et lointain
De quelque autre caresse, à celle-là pareille;

C'est pourquoi, sans tendresse, hélas! et sans désir,
Sur ce lit insipide où sa beauté la couche
Elle songe à la mort et s'apprête au plaisir,
Lasse d'être ce corps, ces membres, cette bouche...

Et pourquoi, ô Julie, ayant goûté ta chair,
De ta jeunesse vaine et stérile on emporte
Un morne souvenir de ton baiser amer,
Julie aux yeux d'enfant, qui voudrais être morte!

ALINE

Aline, la pudeur est douce sur ta joue
Quand son fard délicat en colorant ta peau
Imite la couleur de l'incarnat qu'on loue
Aux roses du printemps ou de l'été nouveau.

La colère en tes yeux, ô violente Aline,
Est belle et l'on dirait en t'admirant qu'on voit
Soudain, quand ton regard s'éclaire et s'illumine,
Une déesse vivre et se dresser en toi.

Mais aussi la tristesse, Aline, sur ta bouche
Est charmante, pensive et pleine de secrets,
Si bien qu'on ne sait pas, triste, ardente ou farouche,
Ce qu'on aime le mieux de tout ce que tu es.

Car le brûlant soleil, la nuée et l'orage
Conviennent tour à tour à ta triple beauté,
Mais rien ne vaut pourtant, Aline, ce visage
Qu'à ton jeune désir donne la volupté !

CORYSE

Coryse, tout, en vous, fait penser à l'amour,
Tout vous-même vous y exhorte :
Vos cheveux pleins de nuit et vos yeux pleins de jour...
Vous êtes belle, souple et forte.

Sur un lit où noueraient deux cygnes leurs cols tors
Je voudrais vous voir étendue
Et que vous y fussiez auprès d'un autre corps,
Coryse, et que vous soyez nue,

Car il n'est pas de jeu plus noble et plus charmant
  Que celui de la chair heureuse,
Et vous seriez, Coryse, aux bras de votre amant
  Ma plus belle estampe amoureuse!

LE MÉDAILLIER

à Mme la Comtesse de Béarn.

LE DISCIPLE

Ainsi qu'Alphésibée imite dans Virgile
Les satyres dansants que surprend le matin,
O mon maître, j'essaie, à mon souffle incertain,
De retrouver ta voix sur ma flûte fragile.

Que la rose éphémère ou le lierre agile
A défaut du laurier me couronne au festin
Où, comme tu haussais de ton geste hautain
Ta coupe d'or, je lève une tasse d'argile !

Si de quelque beau chant résonne par ma bouche
La rumeur éclatante, héroïque et farouche,
Que la gloire l'ajoute à l'écho de ton nom,

Car la torche allumée à ton bûcher qui brûle
A fait seule, au galop sur la pente du mont,
Les Centaures s'enfuir devant l'ombre d'Hercule !

LES MÉDAILLES

Regarde. Dans l'argent, l'électrum ou l'airain,
Ou dans l'or pur, selon le pays ou la ville,
Tu peux voir — qu'y fixa la frappe indélébile —
Le symbole civique ou l'attribut divin.

Ces médailles, trésor que soupèse ta main,
Que leur relief soit fruste ou soit parfait leur style,
Pièces à fleur de coin de Grèce et de Sicile,
Pentadrachme, statère, obole, tout est vain.

Egine, Cos, Chalkis, Cyzique, Syracuse,
Tarente ! Le comptoir aujourd'hui les récuse ;
Le temps ne leur laissa que leur seule beauté ;

Si bien que leur métal, pur comme un rythme d'ode,
En porte encor, peut-être, avec plus de fierté,
L'Épi de Métaponte ou la Rose de Rhodes.

L'OFFRANDE

Ce n'est pas] à vous, Dieux du flot hellespontique
Dont l'onde, tour à tour, âpre ou calme, a porté,
Dans la brise facile ou le vent irrité,
Ma barque au mât solide où bat la voile unique,

Que j'offrirai, trophée écailleux et nautique,
L'honneur de mon filet, ce beau thon argenté ;
Non, c'est à toi que je le voue, ô ma Cité,
O toi qui m'as vu naître et que j'aime, Cyzique !

Comme Agrigente un crabe ou Tarente un dauphin,
Tu frappes ton métal d'un symbole marin.
Reçois donc ce tribut de ma pêche, en hommage,

Puisque dans l'électrum, Cyzique, ou dans l'argent,
Tes pièces de monnaie en conservent l'image
Au revers poissonneux de leur disque luisant.

LE SALAIRE

Tout le jour, sur le flot du changeant Hellespont
Qui tantôt veut la rame et tantôt la voilure,
Pêcheur, fils de pêcheurs, il a, sans un murmure,
Relevé les filets et lancé le harpon.

Au soleil, la sueur lui coula du menton ;
Plus d'une fois l'écaille écorcha sa peau dure,
Mais dans sa barque, au soir, s'entassent le silure,
La sole, le turbot, le rouget et le thon.

La nuit tombe. Il revient au port ; la brise est fraîche.
Il songe qu'à son poids on lui paiera sa pêche
D'un bon prix qui bientôt sonnera dans sa main,

Et, dans le ciel, il voit, luisante et métallique,
Déjà, comme un salaire à son travail marin,
Une lune d'argent se lever sur Cyzique.

AGRIGENTE

Sur la colline fauve où l'herbe fut brûlante,
Le fronton grec s'appuie encore au chapiteau,
Mais plus d'une colonne a chu sous le fardeau
Et les temples, par blocs, jonchent la noble pente.

Le soir vient. L'olivier dont la feuille s'argente
Frissonne au bord poudreux de l'Acragas sans eau,
Et dans le sable sec piétine le troupeau
Des chèvres que mènent tes pâtres, Agrigente!

Tes médailles jadis, dans l'or et dans l'argent,
Montraient l'aigle céleste et le crabe nageant,
Quelque profil divin ou le quadrige agile,

Mais aujourd'hui sur toi, dans l'azur noir des cieux,
La lune arrondit seule en la nuit de Sicile
Son disque sans emblème et son orbe sans dieux.

MÉTAPONTE

Que celui-ci, pasteur, s'occupe de la tonte,
Que l'un soigne la ruche et l'autre le jardin,
Que tel taille la vigne et coupe le raisin,
Qu'un autre encor maîtrise un étalon qu'il dompte,

Que celui-là, du haut de la barque qu'il monte,
Lance l'aigu trident ou le filet marin,
Aucun de nos travaux n'est inutile et vain
Et notre effort divers enrichit Métaponte!...

Moi, son rustique fils, et qui tiens l'aiguillon,
Je pousse la charrue et creuse le sillon
D'où la houle du blé déroulera sa nappe,

Et c'est moi qui lui donne, honneur du sol natal,
Pour l'inscrire en symbole aux pièces qu'elle frappe,
Le bel Épi qu'on voit au revers du métal.

CYZIQUE

Un grand platane étend son ombre magnifique
Où chante une fontaine avec un clair bruit d'eau ;
Un petit âne gris enjambe le ruisseau
Et trotte, qu'un vieux Turc menace de sa trique ;

Une cigogne au ciel passe d'un vol oblique ;
L'air est limpide, pur, odorant, calme, chaud,
Et l'éternelle mer étale un flot nouveau
Le long de la verte presqu'île où fut Cyzique.

En son orbe qui luit à l'horizon encor,
Le soleil fait songer à ces statères d'or
Qu'en un fauve métal, sans mélange et sans tares,

Tu frappais autrefois de ton coin, ô Cité,
Et qui portaient jadis jusqu'aux terres barbares
Le renom de ta gloire et de ta probité.

ÉPITAPHE

Je suis mort. J'ai fermé mes yeux à la clarté.
Celui qui fut hier Proklès de Clazomène
N'est plus qu'une ombre errante et qu'une cendre vaine,
Sans parents, sans amis, sans maison, sans cité.

Est-ce déjà mon tour de boire au froid Léthé?
Mais le sang ralenti s'est figé dans ma veine;
Fleur du sol d'Ionie, à quinze ans, c'est à peine
Si mon printemps trop bref devina son été.

Adieu, ville! Je pars pour le sombre voyage
Et j'emporte avec moi pour payer mon passage
La drachme que l'on doit au nocher souterrain.

Heureux à son métal de retrouver encore,
Sur le disque d'argent qui luira dans ma main,
Le beau cygne qui manque au fleuve sans aurore!

LE MIROIR

Les Dieux m'aiment, Passant ; c'est pourquoi je suis morte
Dans l'éclat parfumé de ma jeunesse en fleur ;
Jusqu'au trépas ma joue a gardé sa couleur,
Et mon corps est léger au destin qui l'emporte.

Que le printemps sans moi reparaisse, qu'importe !
Ne crois pas que mon sort mérite quelque pleur
Parce que, quand viendra l'été lourd de chaleur,
Je ne m'assoirai plus sur le seuil de ma porte :

Je ne regrette rien de la clarté du jour.
J'ai vu ta face, ô Mort, et ton visage, Amour !
A qui fut doux l'amour, la mort n'est pas cruelle.

Je descends vers le Styx et non vers le Léthé,
Car, pour me souvenir que, là-haut, je fus belle,
N'ai-je point le miroir où riait ma beauté ?

L'ESCLAVE

C'est bien. Vos poings brutaux ont défoncé ma porte
Et vous avez pillé la grange et le cellier
Et tari la citerne et rompu l'escalier.
L'oreille n'entend plus quand la voix est trop forte.

Vous jouâtes mon or aux dés de la cohorte.
Ma vie et mon destin sont à vous. Au pilier,
Mon corps débile et nu fut facile à lier.
J'étais libre. Je suis esclave. Que m'importe!

Vous pouvez m'emmener, courbé sous le fouet dur,
Vers les mornes pays où l'aube est sans azur,
Rendre aveugles mes yeux qui virent ma ruine,

Mais m'empêcherez-vous d'avoir, et pour jamais,
— O jeune souvenir dont ma nuit s'illumine! —
Entre mes bras tenu la femme que j'aimais?

LE SOUVENIR

Laisse-moi. Tu sais bien que mon cœur est blessé,
O Souvenir! Pourquoi me parles-tu dans l'ombre,
A moi qui ne veux plus revoir sous un ciel sombre
Le chemin de l'amour où mes pas ont passé?

Pourquoi m'apportes-tu, du temple renversé,
Cette pierre choisie au monceau du décombre,
Et pourquoi donc choisir, seule parmi leur nombre
Celle qui porte encore un nom presque effacé?

Ah! je n'ai pas besoin, pour que je me souvienne,
Que ta cruelle main s'empare de la mienne
Afin de la poser sur mon cœur palpitant!

Il me suffit que, tendre, odorante et farouche,
Fleurisse, toujours jeune en le jeune printemps,
La rose qui ressemble à ce que fut sa bouche!

LE DON

J'aurais pu, comme un autre, à la panse du vase
Dessiner d'un beau trait la figure des Dieux :
Mars irrité, Bacchus, Apollon radieux,
Neptune et son trident, Mercure et son pétase;

Ou bien, sur la paroi dont le contour s'évase,
J'aurais pu te montrer, pour réjouir tes yeux,
Les Trois Grâces avec le chœur mélodieux
Des Neuf Muses qu'à la fontaine suit Pégase.

Mais, sachant ton respect des lignes, j'ai voulu
Qu'il se dressât en sa beauté, debout et nu,
Sans que dansât autour la Nymphe ou le Satyre,

Et si pur en son galbe éloquent et sacré
Que tu crusses, en regardant son flanc pourpré,
Entendre un chant d'amour aux cordes d'une Lyre!

LA BEAUTÉ

Ta divine présence éparse en chaque chose
Se révèle parfois à nos yeux, ô Beauté,
Et tu es, tour à tour, en ta diversité,
Aussi bien ce fruit clos que cette étoile éclose.

Tu es cette eau qui fuit et cette eau qui repose
Entre les herbes d'or et le sable argenté,
Cette senteur d'automne et ce parfum d'été,
Et tu es cette aurore et tu es cette rose.

Le changeant univers est ta forme secrète;
La nature en son jeu te reprend et te prête
Les visages nombreux où je te reconnais,

Mais jamais, ô Beauté, tu ne m'es apparue
Plus belle que quand, grave et soudaine, tu fais
D'une femme sans voile une Déesse nue.

SALOMÉ

Salomé, vous avez les parfums et les baumes
Et les jardins royaux dans la pourpre des soirs,
Les étoffes, les fards, les gemmes, les miroirs,
Et les citernes d'eau, sonores sous leurs dômes!

Salomé, vous avez les danses. A vos paumes
On a peint des signes magiques, verts et noirs;
Votre corps qui les guide à d'infâmes espoirs
Rend aux morts le désir et l'ardeur aux fantômes.

Alors pourquoi voulûtes-vous, ô Salomé,
Que, du tronc nu, roulât le chef inanimé?
Fut-ce enfin que se tût la voix âpre et farouche?

Ou pour voir si, parjure à ses rêves divins,
Ne tressaillirait pas au feu de votre bouche
La tête aux yeux fermés qui saignait en vos mains?

LE CASQUE

Que bénie soit la tête qui porte ce casque !
Inscription du casque de Chah-Abbas I.
(British Museum.)

Cinquième souverain des sultans Séfévides,
Chah-Abbas a régné sur la Perse. Il fut grand.
Son nom, entre les noms des princes de l'Iran,
N'est pas qu'un écho vain fait de syllabes vides,

Car il bâtit, pour défier les ans rapides,
Mesdjid-i-Chah, mosquée à quadruple liwan;
Comme au palais d'Achref, au Tchar-Bag d'Ispahan,
Il vit fleurir la rose en ses jardins splendides...

Guerrier, son casque, avec couvre-nuque et nasal,
Montre, damasquinée en son riche métal,
L'arabesque sans fin qui renaît d'elle-même,

Et, dans l'acier où l'or aux lettres resplendit,
On peut lire en relief des versets de poème,
L'un, entre autres, tiré du Bostan de Sâdi.

L'ARRIVÉE

C'est le matin de la Mille et Unième Nuit...
Le navire léger glisse sur l'onde plane ;
La mer est transparente et l'air est diaphane ;
L'alcyon nous précède et le dauphin nous suit.

Sur Stamboul, que nos yeux connaîtront aujourd'hui,
Un brouillard vaporeux flotte, s'étend et plane ;
Les fuseaux des cyprès à des mains de sultane
En ont filé les fils d'argent où de l'or luit.

Ainsi nous apparut, ô Ville orientale,
Ton visage secret et souriant et pâle
Sous le voile subtil de l'aube et de l'été,

Comme Schéhérazade, ô toi, dont, belle encore,
Le Temps au sabre courbe épargna la beauté
Pour entendre ta voix lui parler à l'aurore !

LES OSMANLIS

Ils sont là, tous, depuis celui des fils d'Osman
Qui, par la Porte d'Or, en un soir de conquête,
Sur Byzance planta l'étendard du Prophète,
Et qui soumit la croix au joug mahométan.

Tous : Sélim, Bayésid, Mourad, Suléïman,
Chacun, en son habit de victoire et de fête,
N'est plus, sous le brocart, qu'un mannequin sans tête
Que, d'une aigrette en feu, coiffe le lourd turban.

Leur simulacre vide est une forme vaine.
Ils sont morts, et le sabre, en l'or clair de la gaine,
S'offre aux manches sans bras, sans poignet et sans main ;

Mais, sur le Vieux Sérail qu'empourpre leur histoire,
Monte encor vers le ciel le cri du muezin
Et, derrière eux, Stamboul est debout dans sa gloire !

AU CHAMP DES MORTS

Ils ne sont de mon sang non plus que de ma race
Ceux qui dorment ici, dans le sol musulman,
Et nous n'avons vécu dans le temps et l'espace
Ni les mêmes espoirs ni le même tourment...

A Scutari la sainte où pousse l'herbe grasse,
Sous les sombres cyprès d'Eyoub cher au croyant,
Ne reposera pas, en leur paix où je passe,
Mon sommeil étranger sous la stèle à turban.

Mais en ce jour où j'ai rêvé parmi leurs tombes
En regardant au loin bleuir la Corne d'Or,
Là, je me suis senti fraternel à tes morts,

Stamboul, ayant comme eux vu voler tes colombes,
Aimé ton ciel, tes eaux, tes arbres, et, comme eux,
Le visage voilé de femmes aux beaux yeux !

RETOUR SUR L'EAU

Le jour décroît. Stamboul s'éloigne. Le caïque
Remonte le Bosphore en fendant le flot prompt
Et longe, sous l'effort qui pèse à l'aviron,
Silencieusement la rive asiatique.

Des villages. Maisons en bois. Platane. Crique.
Vieux yalis peints de rouge et d'ocre. Un doux vallon.
Un kiosque, une odeur de jasmin, et, le long
D'un quai de marbre où passe un Turc, un chien étique...

Quelques tombes parmi les cyprès... C'est le soir.
Je pense à cet habit de guerre qu'on fait voir
Au Trésor des Sultans, en sa vitrine close :

Au siège de Bagdad, Amurat l'a porté...
La gloire ne vaut pas le parfum d'une rose,
Et le temps où l'on aime est seul l'éternité !

L'AVEUGLE

*à M. le Comte **Primoli**.*

Sa jeunesse jadis a vu naître l'aurore
Dans le ciel matinal et sur les calmes eaux,
Et le soleil, de ses rayons horizontaux,
Teindre de mille feux les ondes du Bosphore ;

Maintenant, devant lui, la foule au pas sonore
Passe invisiblement sans hâte ni repos,
Et ses yeux, sur le monde, à jamais se sont clos.
Son regard ne voit pas l'aumône qu'il implore.

Sur le grand pont qui joint Stamboul à Galata,
Pareil au Souvenir, chaque jour, il est là.
Si la ville, là-bas, est d'or ou d'hyacinthe,

Qu'importe! Un rêve ardent remplit sa cécité,
Car il conserve encor, vivante en sa beauté,
Constantinople au fond de sa prunelle éteinte !

CROQUIS D'ORIENT

Le soleil, dans l'azur épais, luisant et gras,
Est comme un fruit obèse et dont l'écorce éclate,
Auquel ce bon vieux Turc compare sur sa natte
La citrouille turgide au milieu des cédrats.

Au seuil de sa boutique amoncellent leurs tas
L'aubergine vineuse et la rouge tomate,
Et son œil en extase aux couleurs se dilate.
Le turban rond s'enroule à son crâne au poil ras.

Dans l'ombre, il va bientôt s'étendre pour la sieste,
Tandis qu'une âcre odeur de miasme et de peste
S'exhale autour de lui de ce quai d'Orient,

Où, Sultane de rêve aux merveilleux royaumes,
Il sent venir, avec un frisson souriant,
La fièvre fabuleuse et diverse en fantômes.

LA MOURADIÉ

Le vieil Imân à turban vert, maigre et courbé,
Egrène un chapelet qui glisse sous son pouce,
Et, devant nous, d'un geste très pieux, il pousse,
Silencieusement, la porte du Turbé.

Les quatre murs sont blancs sous le dôme bombé,
D'où, par un trou rond, coule une lumière douce,
Et, dans le sarcophage empli de terre, pousse
Un peu d'herbe à l'endroit où la pluie a tombé.

C'est ainsi que voulut dormir son dernier somme
Mourad, sultan de Brousse, aux yeux d'Allah, pauvre homme,
Sous la coupole ouverte aux orages du ciel,

Lui qui se fit tailler, humble en sa gloire altière,
Afin d'être mieux prêt à l'ordre d'Azraël,
Un carré de cuir brut pour tapis de prière !

LE TURBÉ VERT

C'est un vainqueur qui dort sous la pompe persane
De ces riches carreaux dont l'enduit transparent,
En sa couleur changeante et son reflet errant,
Montre des fleurs d'émail que nul hiver ne fane.

Mais à quoi bon avoir, pour la foi musulmane,
Par le sabre imposé la règle du Coran,
Et que t'aura servi ce tombeau, Conquérant,
Puisque le vil talon du giaour le profane ?

Malgré ta gloire, ô Mohammed, tu n'es plus rien !
Ton nom fait-il songer à son éclat ancien
Cette fillette assise à l'ombre d'un platane,

Et qui, l'œil mi-voilé lorsque passe un chrétien,
Caresse, en regardant ton Turbé de turquoise,
Le petit lièvre roux que sa main apprivoise?

LE NOM

Vous ne fûtes longtemps, ô nom oriental,
Qu'un incertain écho de splendeur et de gloire
Où pour moi se mêlait, dans un bruit sans mémoire
Le frisson de la soie à l'éclair du métal.

Vous étiez le marteau délicat et brutal
Sous qui le fer ardent bave à l'enclume noire,
Et l'aiguille qui fait, au tissu qui se moire
Courir en arabesque un fil ornemental.

Maintenant, ô Damas, je sais votre beauté.
Je connais dans leur grâce et dans leur vérité
Le parfum de vos fleurs et l'eau de vos fontaines,

Car, devant le turbé du sultan Saladin,
J'ai vu, par un beau soir, près d'une vasque pleine,
S'épanouir la rose à l'ombre du jasmin !

LE DÉPART

Dans le bazar bruyant, mystérieux et sombre
Qui sent l'huile, le fruit, le cuir et le jasmin,
J'ai marchandé longtemps et touché de la main
Le harnais, le tapis, la figue et le concombre.

Grave et chaude, j'ai vu sur toi descendre l'ombre,
Damas! Un soir, le long de ton vieux mur romain
Où le Seigneur frappa saint Paul en son chemin,
J'ai marché lentement sur la route en décombre.

Sur le toit en terrasse et sur le dôme blanc,
J'ai vu la lune courbe au beau ciel musulman
Faire aboyer les chiens et gémir les fontaines,

Et, pour mieux conserver l'image où tu me suis,
J'emporterai, gardien de tes beautés lointaines,
Ce clair sabre pareil à l'astre de tes nuits!

SOUVENIRS D'ORIENT

Quand je ferme les yeux, ô souvenir, je vois
Une cour de mosquée où le pigeon roucoule
Et, sur le pavé blanc que bigarre la foule,
L'ombre d'un dôme rond et de minarets droits.

Puis c'est le bazar sombre et ses couloirs étroits
Et la boutique où s'offre à mon pied qui le foule
L'éclatante couleur d'un tapis qu'on déroule
Tandis que le marchand calcule sur ses doigts.

Je respire une odeur d'Orient où se mêle
La feuille de la rose au poil de la chamelle,
La graisse qui grésille et le café qui bout,

Et, sur ma langue avide et que le sucre allèche,
Il me semble, ô Damas, sentir encor le goût
De l'abricot confit et de la figue sèche!

LE CYPRÈS

Si, plus doux, le parfum des roses dans le soir,
Au fond du jardin sombre où le silence écoute,
Se mêle au bruit plus frais de l'eau qui, goutte à goutte,
Déborde de la vasque et coule au réservoir ;

Si, dans l'ombre plus solennelle, je crois voir,
— Moi dont le long amour pensait te savoir toute,
O cher visage auquel un prestige s'ajoute, —
Ton regard plus profond, plus secret et plus noir,

C'est que j'évoque alors, auprès d'autres fontaines,
D'autres roses en fleurs, puissantes et lointaines,
Que Brousse et que Damas colorent de leur sang,

Et qu'un charme nouveau, de là-bas, t'a suivie
Pour avoir entendu dans les nuits d'Orient
Le rossignol gémir sur les cyprès d'Asie.

LE CROISSANT

La poterne, dans la muraille, ouvre à l'abord
Sa voûte oblique et basse où le pavé résonne,
Et l'antique rempart que le créneau couronne
Veille toujours à pic sur la plaine et le port.

Le palais du Grand Maître est là, debout encor;
Ici les Chevaliers dont l'Ordre l'environne
Ont leurs nobles logis qu'un blason écussonne.
L'héroïque passé survit en son décor.

Si l'épais bastion que la tour ronde flanque
N'a pas, du joug haï, sauvé la cité franque,
Rhodes, tu coûtas cher au vainqueur musulman,

Car, autour de tes murs, un vaste cimetière
S'incurve encore, comme un funèbre croissant,
Où trente mille Turcs ont pourri dans la terre !

LE SPECTRE ROUGE

Tes os ne dorment pas au tombeau que Venise
Te dressa vainement, ô grand Patricien !
Il est vide. Tu ne gis pas en lieu chrétien,
O martyr qui connus le couteau qu'on aiguise !

L'épitaphe est pompeuse et noble. Qu'on la lise
Et l'on saura quel sort farouche fut le tien :
O deuil, Chypre tombée au pouvoir du païen,
Et ta mort héroïque à Famagouste prise !

Ici, dans son vieux port que son haut mur défend,
A la place où les Turcs t'ont écorché vivant,
Écarlate et debout en ta chair torturée,

J'ai cru voir, Bragadin, rôder sur le rempart
Ton fantôme sans peau tendant sa main pourprée
Que léchait en pleurant le Lion de Saint-Marc.

LÉPANTE

Sur le golfe, le port, la ville et le rempart,
Le soir est bleu. La mer en murmurant se brise
Où, jadis, dans un bruit d'abordage et de prise,
Retentit le pierrier et claqua l'étendard.

L'aigle à deux têtes et le lion de Saint-Marc
Ont guidé là, d'un vol que l'histoire éternise,
Les galères d'Espagne et celles de Venise
Que ruait sur le Turc l'impérial bâtard.

Salut, Juan ! par qui la croix fut la plus forte !...
Aujourd'hui le silence endort la cité morte
Derrière ses vieux murs pleins d'échos glorieux;

Et j'ai vu, du château qui couronne sa pente,
Se lever, souvenir d'un soir injurieux,
Pâle encor, le croissant, en face de Lépante !

L'ACHILLÉION

« J'ai consacré mon palais à Achille », dit l'Impératrice.
(MAURICE BARRÈS, *Amori et dolori sacrum.*)

La villa blanche est close, et le jardin désert
Jusqu'au golfe descend de terrasse en terrasse ,
L'allée est sans empreinte où personne ne passe
Et nulle voix ne vibre au silence de l'air.

Près du rosier en fleurs et près du laurier vert,
Homérique et guerrier sous sa lourde cuirasse,
En son marbre succombe au mal qui le terrasse
Un Achille blessé qui meurt devant la mer.

Toi que l'odeur du vent et des roses enivre,
Va-t'en, et porte ailleurs le bruit qu'on fait à vivre,
Car une ombre tragique est errante en ces lieux,

Qui, comme le héros par la flèche ennemie,
Sous la pourpre royale et doublement rougie,
A connu plus que lui la colère des Dieux !

L'ILE

Sous la lumière d'or que le soleil tiédit
Et qui brille, s'épand, se disperse et ruisselle
Sur la mer, dont au loin l'azur lisse étincelle,
L'île en un clair sommeil doucement s'engourdit.

Silence. Pas un vol dans le ciel de midi
Ni dans le bois obscur où ne bat aucune aile.
Le temps semble immobile en une heure éternelle
Qui brûle, se consume et toujours resplendit.

Pieuse et verte, auprès du rivage dalmate,
Où, comme un fruit, Raguse en ses vieux murs éclate,
Elle étage ses pins autour de son couvent;

Et, dans l'air pur qu'imprègne un parfum balsamique,
Cime à cime, parfois, d'un frisson, on l'entend
Palpiter tout entière au souffle adriatique.

URBIS GENIO

Urbis genio Johannes Darius.
(Inscription votive du Palais Dario.)

Venise ne t'a pas inscrit au Livre d'or
Parmi ses fils fameux dont la gloire y rayonnne,
Dario, mais ton nom oriental résonne
Toujours, dans un écho de faste et de trésor,

Puisque, riche étranger venu de quelque port
De l'Archipel ou né sur la côte esclavonne,
Tu construisis, sans écusson qui le blasonne,
Ce palais, dont le Grand Canal est fier encor.

Grâce à lui, tu survis, car sa façade blanche
Montre en disques luisants, dans son marbre qui penche,
Le porphyre vineux et le vert serpentin,

Et l'on peut lire encor l'inscription latine
Par laquelle tu dédias son seuil marin
Au génie ondoyant de la ville marine.

LE SURNOM

Francisco Maurocenio, Peloponnesiaco, adhuc viventi.
(Inscription au monument du doge Francisco Morosini, dit le Péloponnèsiaque.)

Ce fut « vivant encor » que Venise à ta gloire
Vota l'honneur du bronze et voulut, ô guerrier
Dont le bras lui conquit la terre du laurier,
Qu'à ton **nom** s'ajoutât le nom de ta victoire.

Afin de ne pas être ingrate à ta mémoire
Et sachant l'homme enclin à trop vite oublier,
Pendant que durait l'œuvre et vivait l'ouvrier,
Elle a payé sa dette et devancé l'Histoire.

C'est pourquoi, Francesco Morosini, tes yeux
T'ont pu voir dans l'airain civique, glorieux,
Tel que contre le Turc tu commandais l'attaque,

Et que, sur ta galère à quadruple fanal,
Doge au noble surnom, Peloponnèsiaque,
Tu serrais à ton poing le lourd bâton ducal !

SUR UN EXEMPLAIRE DES
DIALOGUES D'AMOUR DE LÉON L'HÉBREU

Prends cet Alde. Il est souple et poli sous ta main.
Le papier est de choix et la lettre est accorte,
Et la première page, au bas du titre, porte
La haute ancre marine où s'enroule un dauphin.

Pour le couvrir, on n'a voulu ni parchemin
Trop orné, ni velours trop éclatant, de sorte
Que son double plat noir, pour tout luxe, comporte
A chacun de ses coins un seul fleuron d'or fin.

En sa parure sobre et sombre autant que belle,
Il évoque un décor de gondole, comme elle,
Or sur noir, à la fois galant et ténébreux,

Car c'est ainsi jadis qu'un seigneur de Venise
Fit relier pour lui, sans chiffre ni devise,
Ce livre qui plaisait à son cœur amoureux.

LE LECTEUR

La Vita del gran Philosopho Apollonio Tianeo,
composita da Philostrato, scrittor greco, et tradotta
nella lingua volgare de M. Lodovico Dolce.
In Vinegia. Appresso Gabriel Giolitto de Ferrari, MDXLIX.

C'est un de ces beaux fils comme les peint Titien.
Le soleil de Venise a bronzé sa peau mate;
Sous le *felze* bombé de sa gondole plate,
Il rêve d'un amour qui répondrait au sien.

Aussi feuillette-t-il, d'un doigt patricien,
Ce vieux livre, traduit du grec de Philostrate,
Qui d'Apollonius de Tyane relate
Les pouvoirs merveilleux et l'art magicien.

Connaîtra-t-il jamais la science suprême
Qui fait qu'on soit aimé de celle que l'on aime?
Il soupire : à quoi bon chercher le vain secret?

Mais un profil charmant s'évoque en sa mémoire
Et, tour à tour, avec espérance et regret,
Il contemple anxieux la page blanche et noire.

JOUR DE VENT

Ce soir, **le** rude vent qui souffle de la mer
Est un passant bourru qui brusquement vous frôle ;
L'eau du canal s'irrite, et la lagune au môle
Pousse son onde forte et son flot plus amer.

Tout gronde, vibre, tremble, en ce fracas de l'**air ;**
La masure s'appuie au palais qui l'épaule,
Car l'antique Borée, échappé de sa geôle,
Gonfle l'Adriatique où le vaisseau se perd.

Jadis, quand l'ouragan hurlait à pleine bouche,
Ton Lion, ô Saint-Marc, anxieux et farouche,
Interrogeait les flots de son regard d'airain,

Mais qu'importe, aujourd'hui, leur calme ou leur colère,
Venise n'attend plus à l'horizon marin
Le retour écumeux de ses rouges galères !

L'ADIEU

« Elle se déclara fort contente de son sé-
jour à Venise, et quand elle en partit, nous
l'accompagnâmes jusqu'à Vérone. »
(Chronique de Baldassare Aldramin.)

Que leur aurez-vous dit de la ville aux beaux noms
Qui fait Zani, de Jean, et, de Louis, Alvise,
Et dont notre mémoire à nos yeux divinise
Le prestige émouvant où nous nous enivrons?

Le marbre noblement y résonne aux talons,
Se dispose en façade et se découpe en frise
Et, d'un vol sans essor en l'air bleu qui l'irise,
Unit des ailes d'aigle à des corps de lions.

Vous avez parcouru la Ville inextricable,
Si belle en ses canaux que la lagune ensable,
Et, de tant de beauté, n'emporterez-vous pas,

Dans un long souvenir d'ardeur et de mollesse,
Ce doux regret, mêlé de désir, qu'au cœur laisse
Le charme d'un amour qu'on ne satisfait pas?

LES VILLES

Vous êtes à mon cœur plus douce que les villes
Que l'on voit apparaître à l'aurore et qui sont
Chères au souvenir par l'écho de leur nom,
Venises au beau ciel ou dansantes Sévilles.

Qu'elles dressent dans l'air dômes ou campaniles,
Flèches, clochers, tour à créneaux, porte à blason,
Et que leur fier passé domine, à l'horizon,
Plaines, forêts, lacs, ports ou golfes semés d'îles :

C'est en vous, pour jamais, que j'ai cherché l'abri ;
Vous êtes le séjour où murmure sans bruit
Le peuple rouge et chaud du sang qui vous habite,

Tandis qu'à vos pieds nus coule, souple et joyeux,
Parmi les roseaux d'or où je chante sa fuite,
Le fleuve de mes jours qui reflète vos yeux.

LA BELLE ALDA

Alda la bella e galanta.
(Vieille faïence italienne.)

Mon visage charmant, tendre et mélancolique,
Pour vous, je l'ai fait peindre, en toute la beauté
De son jeune printemps qui n'aura pas d'été,
En couleur, au fond d'un grand plat de majolique.

Lorsque je serai morte, — ainsi que vous l'indique
Le parchemin qui vous dira ma volonté, —
Placez-y, grappe à grappe, un raisin velouté,
L'amande souvent double et la grenade unique.

Amis, que ces beaux fruits que toucheront vos mains
Rappellent à vos cœurs des jeux déjà lointains!
Fut-il de plus doux fruit que ma bouche vivante?

Et moi, je sourirai sous l'émail précieux
Et que décore la banderole où vos yeux
Liront qu'Alda fut belle et qu'Alda fut galante.

MÉDAILLE

Leonellus Marchio Estensis Opus Pisani Pictoris.

Qu'il soit mort par le fer, le poison ou la peste,
Podesta magnanime ou tyran redouté,
Plus d'un n'est devenu pour la postérité
Qu'un nom que nul ne loue et que nul ne déteste.

Mais toi, ce que tu fus ta médaille l'atteste,
Et ton brusque profil en sa jeune fierté
Par l'airain a conquis presque l'éternité.
L'Art t'immortalisa, Lionel, marquis d'Este.

Le grand Pisanello, père de ta mémoire,
N'en assura-t-il pas la durée et la gloire
Dans ce disque de bronze où tu sembles vivant,

Et qui, sur son revers, en des poses pareilles,
Modelés par un pouce héroïque et savant,
Montre deux hommes nus qui portent des corbeilles?

LES JARDINS

Ne pensez pas, un jour, que mon cœur vous oublie
Et qu'il ne se souvienne plus d'avoir aimé
Vos ombrages souvent dont la paix m'a charmé,
Beaux promenoirs d'amour et de mélancolie,

Vous dont la pompe illustre à la grâce s'allie,
Qui mêlez l'un à l'autre en votre air embaumé
Et la rose odorante et le buis parfumé,
Jardins, ô chers jardins, de France et d'Italie !

Vous voici. Je revois vos marbres et vos eaux ;
J'entends mon pas lointain au fond de vos échos,
Car les lieux, comme nous, ont aussi leur mémoire ;

Et vous ne changez point et le temps passe en vain
Et l'ombre tourne encor, mouvante, aiguë et noire,
Autour de l'if français et du cyprès romain !

LA VILLA

Quel Prince au nom romain ou quel altier Prélat,
Las de la Cour papale ou du rouge Conclave,
Au milieu de ce site agreste, noble et grave,
A tracé ces jardins autour de sa villa ?

D'intrigue ou de complot venaient-ils rêver là,
De plaisir sans regret et d'orgueil sans entrave,
Et dans leur cœur encore ambitieux et brave
Quel long désir d'amour ou de gloire brûla ?

Je ne sais, mais il rôde en ces lieux magnifiques,
Plantés de rouvres verts et de cyprès coniques,
Comme une obscure fièvre et comme un philtre errant,

Et, vers le soir, du bord des terrasses hautaines,
On entend se mêler et frémir sourdement
Le frisson du feuillage au frisson des fontaines.

RENCONTRÉ STENDHALIENNE

L'ombre qui m'accompagne et que suivent mes yeux
N'est point votre ombre, à vous, Madone du Corrège,
A qui l'ascension des Anges fait cortège
Dans la coupole haute où vous êtes aux cieux.

C'est une autre et qui rit d'un air mystérieux.
Sa grâce lui compose un tendre sortilège;
Elle semble mener vos pas vers quelque piège
Que saura déjouer son pied malicieux.

Elle est belle, amoureuse et duchesse. Fabrice
L'aime. Ranuce-Ernest s'incline à son caprice,
Sachant quel ongle aigu sa main délicate a...

Et j'écris ce sonnet dont la rime me charme,
A l'heure où l'angelus sonne à la Steccata,
Dans les jardins Farnèse, un soir d'automne, à Parme.

BRESCIA

Jadis, tes artisans savaient l'art belliqueux
De battre et de polir l'acier d'une cuirasse
Et, sur son dur métal, de nouer avec grâce
L'élégante arabesque au rinceau vigoureux.

Nuls forgeurs d'Italie ou de France ainsi qu'eux
Ne surent, d'une main qu'aucune ne surpasse,
Tremper l'arme qui garde et l'arme qui terrasse
Dont l'éclair brille au poing prudent ou valeureux.

C'est pourquoi, il convient, Brescia l'armurière,
Qu'un jour on ait trouvé dans ta cité guerrière
Cette Victoire antique et qui, toute d'airain,

Semble, vibrante encor des enclumes frappées,
Avoir mêlé jadis, ô fille de Vulcain
Le bronze de son aile au fer de tes épées !

EN PASSANT PAR BERGAME

Sur la Fiera déserte autour de sa fontaine,
La boutique brillante et le joyeux tréteau
N'attirent plus la foule, attentive au rideau,
Par leur splendeur bizarre et leur gaieté foraine.

On n'y vend plus brocart, velours, satin et laine,
La denrée étrangère et le bijou nouveau ;
Arlequin, plus léger qu'un singe ou qu'un oiseau,
N'y rosse plus Brighelle en courtisant la Naine.

C'en est fait de la vive et folle Comédie !
Et, de la ville haute où le moine mendie,
Au théâtre en plein vent ne viennent plus s'asseoir

Le galant cavalier et la galante dame...
Et cependant l'on voit, dans le ciel pur, ce soir,
La lune, en masque d'or, se lever sur Bergame !

LE CASTELLO

La tour est rouge, afin que de loin on la voie!
Haute, massive et forte et d'un solide élan,
Elle dresse toujours sur le ciel de Milan
Ses lourds créneaux construits par Bonne de Savoie

Au-dessous, largement, le Castello déploie
Son enceinte que garde un fossé vigilant,
Et son mur pourpre porte, incrusté dans son flanc,
L'écu ducal sur qui la guivre bleue ondoie.

Ses salles et ses cours sont sonores aux pas;
Les fresques des plafonds montrent des entrelacs
Assez pareils à ceux dont Ludovic le More,

A Loches, enfermé vivant dans son tombeau,
Orna, d'un art obscur qui nous émeut encore,
Sa prison souterraine au donjon tourangeau.

LE COPISTE

Incipit vita domni Karoli Imperatoris
Magni edita ab Alcuino magistro.
(Manuscrit de Cluny. Fol. 32ᵃ-41ᵃ.)

C'est l'été. Dans l'air vole un moucheron taquin
Qui se pose et s'acharne au rond de la tonsure
Et que le moine, en vain, de sa manche de bure,
Chasse. Il fait chaud. Le froc sent la cire et le suint.

De celui qui vainquit l'Avare et l'Africain,
Du grand Charles, de qui la gloire toujours dure,
Il copie avec soin, sans surcharge et rature,
La vie, ainsi que l'écrivit maître Alcuin.

Il s'arrête parfois, tourne la tête, songe :
L'encre sèche, le soir vient et l'ombre s'allonge
Sur la dalle, et le moine a tressailli, croyant,

Dans la corne d'un pâtre, au fond de la campagne,
Là-bas, soudain entendre, au souffle de Roland,
Le cor à Roncevaux appeler Charlemagne !

LE CLOITRE

Jadis, quelque rustique et pieux jardinier,
Bêche en main, au soleil inclinant sa tonsure,
A décoré de fleurs et planté de verdure
Ce doux jardin qu'enclôt le cloître familier.

Depuis, enguirlandant l'arcade et le pilier,
A l'abri du vent brusque et de la bise dure,
Du parterre natal jusques à la voussure,
A grimpé le lierre et grandi le rosier.

Mon amour est pareil au jardin de ce cloître
Solitaire où le temps, qui détruit tout, fait croître
Plus vivace la fleur et plus fort le rameau,

Car, à chaque printemps, je vois ma vie éclose,
En son même parfum éternel et nouveau,
Au rosier plus nombreux, d'une plus haute rose.

PARVA DOMUS

à M. Gabriel Hanotaux.

Ami, votre maison domine la vallée.
Au flanc du coteau vert elle est plaisante à voir
Près de son rocher creux où fut le vieux pressoir
Qui lui donna le nom dont elle est appelée.

J'aime son salon clair et sa salle dallée
Où le losange alterne au carreau, blanc et noir,
Et sa terrasse bonne à s'y venir asseoir
Du matin vaporeux à la nuit étoilée.

Fidèle au coin de terre où sont nés vos aïeux,
Devant cet horizon familier à vos yeux,
Vous cueillez doucement les grappes de la vie ;

Heureux celui qui peut, comme vous, de son seuil,
Respirer l'air de France avec un fier orgueil
Et l'aimer mieux encor de l'avoir bien servie !

L'ABSENCE

Dans la chambre déserte, auprès de l'âtre éteint,
Où l'air silencieux a l'odeur de l'absence,
Je viens lire, l'esprit plein d'espoir et de transe,
Chaque lettre de toi qu'apporte le matin ;

Le timbre qui la marque est d'un pays lointain.
Mais que me font le temps, l'espace et la distance ?
Le papier parle, rit, soupire, pleure, pense ;
Un fantôme s'esquisse au miroir incertain.

O miracle ! Le feu sous la cendre vermeille
Renaît ; la flamme luit, palpite, se réveille.
Il me semble t'entendre et que je te revois,

Car, par un cher prestige où mon cœur s'émerveille,
La lettre, le miroir, me rendent à la fois
L'écho de ton image et l'ombre de ta voix.

CORNEILLE

Lorsque par lui le Cid tira sa jeune épée,
La France tressaillit d'un tragique frisson
A voir le fils venger --- et de quelle façon ! —
La paternelle joue indignement frappée.

Puis ce furent Horace et, de pourpre drapée,
Rome tendant les bras à ce fier nourrisson,
La clémence d'Auguste et sa noble leçon
Et Rodogune avec Polyeucte et Pompée.

Mais le feuillage meurt avant l'arbre vieilli,
Et le plus beau laurier défend-il de l'oubli
Puisque son siècle fut ingrat au grand Corneille ?

Et qu'il fallut, un jour, que la Postérité,
Pareille à quelque Cid en qui l'honneur s'éveille,
Rajustât sa couronne à ce front irrité ?

AU BAS D'UN PORTRAIT DE MOLIÈRE

Le valet qui friponne et le tuteur qui peste,
Le pédant, le marquis, le sot et le barbon,
L'apothicaire, le fâcheux, tout lui fut bon,
De l'esclave rustique au Jupiter céleste ;

L'intrigue et l'imbroglio, la gambade et le geste,
La mascarade, la seringue et le bâton,
Et jusqu'au Turc obèse à turban de coton,
Et le sac de Scapin et les rubans d'Alceste.

Mais, farce à la chandelle ou haute comédie,
De tout ce qu'inventa sa verve, son génie
En a fait de la vie et de la vérité ;

Et c'est pourquoi ces yeux, ce front et cette bouche
Reçurent le baiser de l'Immortalité,
Qui, d'abord, avaient pris leçon de Scaramouche !

LA JOURNÉE DE RACINE

Le poète Racine a fini sa journée :
Le coude sur la table, il songe. Est-il content ?
Et le bec de la plume au bruit intermittent
Ne mord plus sous sa main la page égratignée.

A-t-il d'une épigramme élégamment tournée
Trouvé la pointe acerbe et le trait irritant ?
Non, un plus noble soin l'a tenu haletant,
Et voici qu'il relit la scène terminée.

Son regard, dont parfois l'expression trop fine
A fait dire de lui : le perfide Racine,
Est très tendre, très fier, très pensif et très doux,

Car il fut, tout le jour, ô douleur, ô délice !
Témoin des beaux adieux qu'adresse sans courroux,
A Titus qui la fuit, la reine Bérénice.

LE JEUNE ORFÈVRE

Mieux qu'aucun maître inscrit au livre de maîtrise...
J.-M. DE MEREDIA. *Le vieil Orfèvre.*

Il n'est pas défendu, quand le maître est sorti,
Ayant, sa tâche faite, achevé sa journée,
Qu'au lieu de délaisser la forge abandonnée,
A son tour, au travail s'exerce l'apprenti.

Le voilà seul. Sa main touche sur l'établi
Le poinçon glorieux et par qui fut signée
La bague au fier chaton savamment façonnée
Où brille le béryl dans l'or courbe serti.

Mais soudain, rougissant de sa naïve audace,
Il lui semble qu'un œil le raille et le menace
Dans le rubis farouche et le clair diamant ;

Hélas ! son nom encor n'est pas inscrit au Livre
Et, modeste, il s'applique à fixer humblement
Une perle de verre en un cercle de cuivre !

DON JUAN AU TOMBEAU

DON JUAN AU TOMBEAU

La flamme a jusqu'au bout fondu la cire ardente
Des cierges consumés au ras du chandelier,
Et voici que s'éteint la mèche grésillante.

Les deux moines en froc qui sont là pour prier
Et qui, toute la nuit, à genoux sur la dalle,
Ont suivi l'oraison aux pages du psautier,

14.

Soudain lèvent les yeux vers la lumière pâle
Qui glisse lentement, avec l'aube qui vient,
De la haute fenêtre, au pavé de la salle;

Puis un verset final penche leur front chrétien
Et, debout, côte à côte, ils regardent en bière
Ce mort inquiétant dont l'aspect les retient:

Car, pour eux, cette nuit de veille et de prière
Fut longue de frissons, d'angoisses et d'effrois,
A s'en ressouvenir jusqu'à l'heure dernière,

Et, malgré l'eau bénite et les signes de croix,
Malgré les chapelets et malgré les reliques,
Dans l'ombre il leur parut ouïr, plus d'une fois,

Des rires infernaux et des bruits sataniques,
Tandis que s'agitaient les cierges effleurés
De quelque aile griffue à leurs flammes obliques...

Oui, malgré les répons repris et murmurés,
Ils ont senti, courbés, sous un souffle qui brûle,
S'inonder de sueur leurs crânes tonsurés,

Et, prodige qui fait que le plus saint recule,
Ils ont même cru voir le cadavre roidi
Soulever du cercueil son corps de jeune Hercule

Dont la chair — s'il en est ce que tout bas l'on dit —
Porte marquée encor l'étreinte impitoyable
D'une main vengeresse à son poignet maudit,

Car celui dont voici la dépouille coupable
Ne s'est pas endormi dans le pardon de Dieu,
Mais il a succombé dans le piège du Diable.

Sa scandaleuse vie, en tout temps, en tout lieu,
Fut vouée au péché avec sollicitude;
Il eût souillé la neige et corrompu le feu!

Luxurieux, impie, orgueilleux, hardi, rude,
Il fut subtil aussi comme l'est le serpent,
Et sa damnation est une certitude.

Fut-il jamais de ceux dont le cœur se repent?
Fils irrespectueux, il n'eut pour son vieux père,
En réponse à des pleurs qu'un rire impénitent!

Et cependant il fut heureux, riche et prospère
Jusqu'à ce que sa voix invitât au festin,
Par un défi nouveau, le Convive de pierre,

Et que, s'étant assis à la table, hautain,
Et calme et souriant d'un sarcasme suprême,
Il entendît sans peur venir le pas lointain...

Et ce fut là, qu'à l'aube on le retrouva blême,
Sans chaleur, sans regard, sans souffle, toujours beau,
Et la lèvre crispée en un dernier blasphème.

Aussi, depuis hier creuse-t-on son tombeau,
Tandis que, devant son cadavre on prie encore
Dans la salle funèbre où fume le flambeau !

Mais la nuit est passée et fait place à l'aurore ;
Bientôt les pénitents et les meneurs de deuil
Vont venir le chercher par le couloir sonore ;

Ils franchiront la porte ou, groupés sur le seuil,
S'arrêteront, pendant qu'à grands coups dans le chêne
Le marteau pour jamais fermera le cercueil ;

Puis quatre compagnons, l'empoignant avec peine,
Porteront le défunt dans la cour où l'attend
Toute la parenté jusqu'à la plus lointaine,

Et qui va, puisqu'il est malgré tout de leur sang,
Le conduire avec ordre, en la pompe prescrite,
A l'église où se dresse un catafalque ardent.

Et ce sera, derrière lui, tout une suite
D'hommes en manteaux noirs et la golille au cou
Et qui feront la rue étroite et trop petite,

Et le piétinement dans Séville debout,
D'un cortège, mêlant la toque à la cagoule,
Autour de la bannière où l'hérétique bout;

Au parvis que le peuple encombre de sa houle
Le convoi déploiera sa parade de mort
Et passera le porche, aux regards de la foule;

Puis, dans la cathédrale, au branle sourd et fort
Des cloches — tandis que la Giralda vermeille
Dressera vers l'azur son ange aux ailes d'or, —

Les prêtres, tour à tour, dont le rite appareille
Les voix, psalmodieront, en un chant alterné,
Le psaume à qui le Christ, d'en haut, prête l'oreille,

Car on a vu parfois le méchant pardonné ;
Mais celui-là qui gît, foudroyé dans sa faute,
Seigneur, n'est-il donc pas certainement damné?...

Et les deux moines, les mains jointes, côte à côte,
Se sentent tout honteux d'avoir prié pour lui,
Pour lui, de qui le cœur eut le Malin pour hôte !

Et pourquoi donc aussi ne pas avoir conduit
Sa dépouille maudite à quelque fosse immonde,
Comme on fait des sorciers qu'on enterre, la nuit?

C'est que ce vil pécheur en qui le vice abonde
Et que Satan, au bras, a marqué de son sceau,
Infime aux yeux de Dieu, fut grand aux yeux du monde :

D'une race fameuse il est le noir rameau
Et sa racine plonge au plus vieux sol d'Espagne ;
D'un illustre blason s'ornera son tombeau.

Le renom des aïeux dans la mort l'accompagne :
Nul plus que lui n'aurait été l'un de ceux-là
Qui sont dignes d'avoir la Gloire pour compagne.

La Nature l'avait paré du riche éclat
De ses dons les plus beaux et les plus magnifiques
Et Séville admirait ce fils de Maraña.

Qui savait, comme lui, dans les joutes publiques,
Courir la bague, souple, et prompt, et gracieux
Parader au galop d'un étalon d'Afrique ?

Ou, dans le cirque rond, pour le régal des yeux,
D'un seul coup, au garot, de son épée agile
Agenouiller l'élan du taureau furieux,

Ou lire, mieux qu'un clerc, Théocrite ou Virgile
Et recueillir le miel aux lèvres de Platon,
O transcrire un sonnet sur le vélin fragile ?

Mais de cet or, hélas ! qu'en a-t-il fait? Du plomb!
Le mensonge habitait sa parole incertaine
Et le sang a rougi sa main et son talon.

Brave comme le Cid, il eût trompé Chimène !
Mais combien cependant tombèrent en ses lacs !
Et, d'un geste, il brisait la coupe encore pleine.

Et toujours il allait insatiable et las ;
Le désir l'attirait vers des lèvres nouvelles ;
Les mères avaient peur en le nommant tout bas.

O douleur ! les plus amoureuses, les plus belles
Ne furent qu'un jouet pour sa méchanceté
Et, sans qu'il les aimât, il était aimé d'elles.

Et les moines, le cœur sourdement irrité,
Songeaient avec envie à toutes ces amantes
Qui prosternaient, en vain, à ses pieds, leur beauté :

« N'est-il pas juste qu'à présent tu te lamentes,
Funeste séducteur ? Et le spectre a bien fait
D'entr'ouvrir sous tes pas les géhennes fumantes !

Le Convive de pierre a puni ton forfait
Et si tu le frappas au défaut de l'armure
Il t'a rendu tes coups, et l'ordre est satisfait.

Maintenant tu n'es plus qu'une dépouille impure
Que les feux de l'enfer vont éternellement
Brûler et qui n'est plus déjà que pourriture ;

Le crime, grâce au ciel, reçoit son châtiment ! »
Et les moines soudain se courbent avec rage
Pour contempler ce mort coupable au jugement :

Les vers ont dû, déjà, baver sur son visage
Et, déjà le souillant de leurs anneaux visqueux,
Commencer en sa chair leur sinistre ravage...

Mais, moines, quel spectacle apparaît à vos yeux !
L'aurore, en éclairant cette face damnée,
Sur elle fait errer un fard mystérieux;

La jeunesse fleurit sur sa peau satinée,
Sa lèvre est toujours rouge et sa joue est encor
Fraîche comme au matin de la vingtième année ;

Un rayon de soleil allonge son trait d'or
Sur ce front radieux que le printemps couronne
Et qui demeure pur, au souffle de la mort.

15

Alors!... il est donc vain que Dieu condamne et tonne !
Et comment ce pécheur que Satan vint saisir
Garde-t-il cet orgueil dont le regard s'étonne?

C'est que rien ne le put, ô moines, assouvir,
Et qu'il fut, par son âme anxieuse et mouvante,
Une incarnation de l'Eternel Désir.

C'est que, malgré la nuit de foudre et d'épouvante
Où le sombre invité du suprême festin
Fit sous un doigt de feu crier la chair vivante,

Dans le sépulcre clos que scellera l'airain,
Lorsque l'on étendra, moines, malgré vos blâmes,
Au son de l'orgue grave et du psaume latin,

Ce doux corps caressé par tant de mains de femmes,
S'il est toujours ainsi voluptueux et beau
C'est qu'il fut plus brûlant, encore, que les flammes

Et que c'est toi, Don Juan, que l'on met au tombeau !

On dit que, vers le soir de la même journée,
A l'heure où le vent frais, né du Guadalquivir,
Effeuille aux chignons bruns la rose safranée,

Dans l'église où la nef commence à s'assombrir,
Trois femmes, toutes trois en longs voiles, et belles,
Se retrouvèrent là dans un commun désir ;

Et, le chœur étant vide, et vides les chapelles,
Toutes trois s'avançaient silencieusement ;
Et l'histoire rapporte aussi que l'une d'elles

Etait Doña Elvire en deuil de son amant,
La seconde, Doña Anna, et la troisième,
La plus jeune, très pâle, encor presque une enfant.

Et toutes trois, sans se parler, cherchaient de même,
De pilier en pilier, un sépulcre récent
Afin de dire au mort aimé l'adieu suprême,

Et, l'ayant reconnu pour son marbre plus blanc
Entouré d'une grille et dans une encoignure,
Elles se dirigeaient par là, d'un pas tremblant ;

Mais comme elles allaient pour ouvrir la serrure
Il leur sembla soudain, à travers les barreaux,
Apercevoir quelqu'un derrière la clôture,

Qui, courbé vers le sol et leur tournant le dos,
A deux mains soulevait la pierre sépulcrale,
En l'ayant prise et la tirant par les anneaux,

Et toutes trois, Anna, Elvire et l'enfant pâle,
Virent qu'ayant enfin descellé le bloc lourd,
Debout, leur souriait, et le pied sur la dalle,

Un Ange aux ailes d'or et pareil à l'Amour !

TABLE

POÉSIES

EN MARGE DE SHAKESPEARE

LE MIROIR DES AMANTS

SEPT ESTAMPES AMOUREUSES

LE MÉDAILLIER

'DON JUAN AU TOMBEAU

ACHEVÉ D'IMPRIMER

le douze avril mil neuf cent dix.

PAR

BLAIS ET ROY

A POITIERS

pour le

MERCVRE

DE

FRANCE

Lightning Source UK Ltd.
Milton Keynes UK
UKHW012019071118
331958UK00015B/2017/P